어린이
한국사
50
장면

풀과바람 역사생각 01

어린이 한국사 50 장면

개정판 1판 5쇄 | 2022년 9월 1일
초판 1쇄 | 2012년 1월 25일

글 | 박영수
그림 | 이리

펴낸이 | 박현진
펴낸곳 | (주)풀과바람
주소 | 경기도 파주시 회동길 329(서패동, 파주출판도시)
전화 | 031) 955-9655~6
팩스 | 031) 955-9657
출판등록 | 2000년 4월 24일 제20-328호
블로그 | blog.naver.com/grassandwind
이메일 | grassandwind@hanmail.net

편집 | 이영란
디자인 | 박기준
마케팅 | 이승민

ⓒ 글 박영수, 그림 이리, 2019

값 12,000원
ISBN 978-89-8389-780-0 73910

※ 잘못 만들어진 책은 구입처에서 바꾸어 드립니다.

이 도서의 국립중앙도서관 출판예정도서목록(CIP)은 서지정보유통지원시스템 홈페이지(seoji.nl.go.kr)와
국가자료공동목록시스템(www.nl.go.kr/kolisnet)에서 이용하실 수 있습니다. (CIP제어번호 : CIP2019002682)

제품명 어린이 한국사 50 장면 | **제조자명** (주)풀과바람 | **제조국명** 대한민국
전화번호 031)955-9655~6 | **주소** 경기도 파주시 회동길 329
제조년월 2022년 9월 1일 | **사용 연령** 8세 이상
KC마크는 이 제품이 공통안전기준에 적합하였음을 의미합니다.

⚠ **주의**

어린이가 책 모서리에
다치지 않게 주의하세요.

풀과바람 역사 생각 01

어린이 한국사 50 장면

박영수 글
이리 그림

풀과바람

머리글

금속 활자?

"그런 일이 있었어?"

우리나라 역사에서 빼놓을 수 없는 사건이지만, 그걸 몰라서 이렇게 반문하는 사람도 이따금 있습니다. 역사를 잘 모르는 것이 문제지만, 어떻게 생각하면 반드시 알아야 할 사건이 무엇인지 배우지 못한 데서 비롯된 일일 수도 있습니다.

우리나라 역사에는 수많은 일이 있습니다. 그중 역사적 장면을 50가지 선정하여 추렸으니 이는 후손으로서 반드시 알아두어야 할 의무이기 때문입니다. 가족이라면 마땅히 생일이나 기념일을 기억하는 것처럼, 한국인이라면 한민족 역사 중 핵심적인 일은 알아야 하니까요.

우리나라 역사를 훑어볼 때 여러분은 어떤 장면에서는 통쾌함을 느끼고 어떤 장면에서는 답답함을 느낄 것입니다. '이왕이면 자랑스러운 일만 알려주지.' 하는 불만을 가질 수도 있습니다. 물론 긍지를 느낄 장면만을 선별할 수도 있습니다. 하지만 슬프거나 아픈 사실도 같이 다룬 이유는 그런 비극을 다시 겪지 않으려면 어떻게 해야 하는지 한 번쯤 생각해 볼 필요가 있기 때문입니다. 또한 기쁜 생일과 슬픈 제삿날을 같이 알아야 하는 것과 같은 마음을 바탕에 두고 있습니다.

　이 책은 광개토 대왕부터 시작해서 1960년 4·19 혁명까지 다루고 있습니다. 장대한 세월을 핵심적으로 설명하기 위해 역사적 의의가 큰 사건을 중심으로 엄선했으며, 사건이 시각적으로 펼쳐지게끔 표현했습니다. 그러므로 독자 여러분께서는 사진 한 장 한 장 넘기듯 한국사 여행을 할 수 있을 것입니다.

　고대 그리스 역사가 투키디데스는 "역사는 영원히 되풀이된다."고 말했습니다. 역사를 배워야 하는 이유가 여기에 있습니다. 예전에 일어났던 일을 알아두면 좋은 지혜는 응용해서 활용하고, 나쁜 일이라면 같은 실수를 하지 않을 테니까요.

　아무쪼록 의미 있는 한국사 여행이기를 바랍니다.

지은이 박영수

차례

야호!
해방이다!

01 위대한 정복자 광개토 대왕

"랴오허강을 건너서 숙군성을 쳐라!"

서기 402년에 고구려 제19대 군주 광개토 대왕은 이처럼 명령했습니다. 342년에 연나라 군대가 고구려를 침공했을 때 미천왕(고구려 제15대 군주) 왕릉을 도굴하여 그 시신을 가져간 일과, 400년에 후연이 고구려 신성과 남소성을 공격하여 함락시킨 일에 대한 복수의 시작이었습니다. 고국원왕(고구려 제16대 군주)이 343년에 많은 공물을 바치고 미천왕 시신을 돌려받았지만, 광개토 대왕은 어릴 때부터 그 치욕을 반드시 갚겠노라고 작심했었습니다.

"숙군성은 후연의 수도와 가까운 곳에 있어 공격이 어렵습니다."

"수군을 활용하라!"

광개토 대왕은 오랫동안 참고 준비해 온 치밀한 전략을 바탕으로 육군과 수군의 동시 출동을 결정했습니다. 그 무렵 후연은 고구려군에 맞서고자 북쪽에 군대를 집중 배치하고 있었습니다. 고구려 기병 부대가 후연을 공격하려면 랴오허강(중국 만주 지방의 남부 평야를 흐르는 강)을 피해 북쪽으로 돌아서 가야 하거든요. 광개토 대왕은 일반적인 생각을 뛰어넘어 수군으로 적의 심장을 공격하는 대담함을 보였습니다. 작전은 성공했고, 고구려는 숙군성을 점령했습니다.

이 전투를 계기로 고구려는 만주 지역의 강대국으로 등장했습니다. 이후 후연이 반격해 왔지만, 몇 차례 공방을 거쳐 고구려가 요동성마저 차지했으니까요. 광개토 대왕은 자신 있게 말했습니다.

"이제 누구도 고구려를 넘보지 못하리라!"

광개토 대왕은 남쪽으로는 백제를 제압하고, 북서쪽으로는 중국을 누르며 고구려 최대 영토를 개척했습니다. 그는 일생 64개 성과 1400개 마을을 차지했습니다. '전쟁의 신'이라고 불려도 손색 없을 정도의 성과였습니다.

02 한강 쟁탈전

"공격하라!"

서기 551년 봄, 백제 성왕(聖王)은 신라와 가야 군대와 더불어 고구려가 지키는 한강 유역을 공격했습니다. 그 무렵 고구려는 밖으로는 북쪽 돌궐로부터 위협받고, 안으로는 귀족들끼리 권력 다툼을 하고 있었습니다. 이러할 때 남쪽 연합군으로부터 공격을 받자 고구려는 힘없이 땅을 뺏겼습니다. 신라는 한강 상류 지역을, 백제는 한강 하류 지역을 각각 차지했습니다.

"드디어 한강을 되찾았노라!"

백제 성왕은 한강을 굽어보며 무척이나 감격해했습니다. 신라에게 상류 지역 열 개 군을 양보하여 내주었으므로 실질적으로 한강을 전부 차지한 게 아님에도 성왕은 어찌하여 기뻐했을까요?

그 이유는 백제의 건국과 관련 있습니다. 일찍이 백제는 한강 유역에 터를 잡고 나라를 세웠으니까요. 백제는 물이 풍부하고 넓은 농경지가 있는 한강 유역을 기반으로 중국과 무역하면서 빠르게 발전했습니다. 그러나 서기 475년 고구려 장수왕이 남하 정책을 펴면서 한강 유역을 공격해 왔습니다. 백제는 이에 맞섰지만 개로왕이 전사하는 참변을 겪으면서 남쪽 웅진(공주)으로 물러나야 했습니다.

"반드시 복수하리라!"

이후 백제는 한강을 되찾기 위해 끊임없이 기회를 엿보았습니다. 무령왕은 기습 공격으로 한강 유역을 일시 되찾았으나, 529년 고구려에게 한강을 다시 뺏겼습니다. 무령왕이 죽은 뒤 아들인 성왕은 백제의 수도를 웅진에서 사비(부여)로 옮기고 고구려에 대한 공격을 착실히 준비했습니다. 강물과 산으로 둘러싸여 수비하기 좋은 땅인 웅진을 떠나 넓은 들판으로 된 사비에 북쪽을 향한 신도시를 건설한 것도 북쪽 고구려를 공격하기 위한 의지의 표현이었습니다.

"혼자 힘으로 안 된다면 다른 힘을 빌리자."

성왕은 신라, 가야와 동맹을 맺고 고구려 공격의 깃발을 올렸습니다. 그리고 마침내 그 뜻을 이뤘습니다.

성왕이 한강 일부 지역을 신라에게 내주고도 기뻐한 이유가 여기에 있습니다. 내친김에 성왕은 평양까지 진격하여 고구려 궁궐을 점령했습니다.

"뭐라고?"

하지만 기쁨은 잠시였습니다. 553년 7월, 신라가 기습적으로 한강 하류 지역의 백제군을 몰아내고 한강 전체를 차지했습니다. 신라는 평양을 함께 공격하자는 백제의 권유를 거절하여 군사력을 아낀 다음, 숨겨 둔 계획을 실행한 것입니다. 신라는 당시 선진국인 중국과 교류할 방법이 없어 한강을 무척이나 탐냈었거든요.

"내 친히 이놈들을 응징하겠노라!"

신라의 배신에 분노한 성왕은 이듬해 신라를 공격하다가 도리어 붙잡혀 처형당했습니다. 이와 더불어 백제의 국력은 급격히 약해졌습니다.

그런데 고구려, 백제, 신라는 왜 한강을 서로 차지하려 싸웠을까요?

한강은 강원도 태백의 검룡소에서 시작하여 황해로 흘러가는 강물입니다. 한반도의 가운데를 가로지르며, 한반도의 강물 중에서 가장 넓은 면적을 가지고 있습니다. 옛날에는 아리물, 아리수, 아리가람, 욱리하, 한가람, 한수 등등 여러 이름으로 불렸습니다.

한강은 물이 넉넉하므로 그 주변 땅은 농사짓기에 유리합니다. 하여 구석기 시대부터 한강에 많은 사람이 모여 살았습니다. 식량을 마련하기 쉬

우니까요. 또한 한강은 황해로 통하는 길목이어서 무역에 유리합니다. 한강을 기반으로 번성한 백제는 한때 해상 왕국으로 위세를 떨쳤으며, 신라는 한강을 차지한 이후 중국으로 통하는 바닷길을 확보하는 한편 백제와 고구려의 연락을 차단함으로써 이후 삼국 통일의 기반을 마련했습니다.

　요컨대 한강과 한강 유역은 단순한 강물 이상의 요지였기에, 삼국이 서로 차지하려 쟁탈전을 벌인 것입니다.

03 살수 대첩

살수는 청천강의
옛 지명이야!

"지금 천하가 모두 우리를 받드는데, 오직 고구려만이 그렇지 않다. 더구나 고구려 백성들은 호족(지방 세력가)들의 탄압에 신음하고 대가 없는 힘든 일에 시달리며 괴로워하고 있다. 내가 친히 전군을 통솔하여 하늘의 뜻에 따라 나아갈 것이다."

서기 612년(고구려 영양왕 23)에 수나라 양제는 이처럼 명분을 내걸고 고구려 정벌에 나섰습니다. 수나라는 고구려 정치에 간섭할 위치에 있지 않건만 천하 통일의 야욕을 그럴듯하게 포장한 말이었지요.

수양제는 전투군 100여만 명에, 군량 보급 부대 200만 명이 넘는 역사상 최대 규모의 원정군을 이끌었습니다. 워낙 병력이 많은 탓에 날마다 한 부대씩 40일 동안 출발해야 했습니다. 수양제는 따로 수군 10만 명을 3000척에 이르는 배에 태워 보내며 평양성에서 만나자고 약속했습니다.

"큰일이로군. 정면 대결을 피하고 기습 공격 작전을 펴야겠어."

수적으로 불리한 고구려는 일단 성을 굳게 지키면서 갑자기 공격했다

달아나는 전략을 준비했습니다. 수양제는 대군을 이끌긴 했으나 고구려의 성을 하나도 공략하지 못했습니다. 고구려군이 성문을 꽉 잠근 채 철통같이 버텼기 때문입니다. 그 바람에 수양제는 섣불리 고구려 수도로 깊이 들어가지 못했습니다. 성을 점령하지 못한 채 지나치면 뒤에서 갑작스럽게 공격받을 가능성이 큰 까닭이지요. 수양제는 급한 마음에 우문술과 우중문 등에게 별동대 30만 명을 주어 평양성을 공격하라고 명했습니다.

이에 고구려 장군 을지문덕은 살수(지금의 청천강)의 상류에 둑을 쌓아 물을 모아 두었다가 수나라 군대가 강을 건널 때 갑자기 흘려보내 전부 몰살시켰습니다. 수나라로서는 2700명만이 겨우 목숨을 건진 참패였고, 고구려로서는 큰 피해 없이 승리한 그야말로 대승이었습니다. 수양제는 별수 없이 물러갔고, 을지문덕은 영웅으로 존경받았습니다.

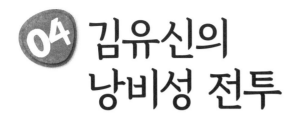 

04 김유신의 낭비성 전투

　서기 629년 가을, 김유신은 아버지 김서현을 따라 고구려의 낭비성 공격에 나섰습니다. 낭비성은 철원에서 서울로 가는 중요한 길목(지금의 포천)에 있는 반달 모양의 성으로, 우뚝 솟은 곳에 있어서 사방을 내려다볼 수 있었습니다. 본래는 신라가 고구려의 공격을 막고자 세운 성이었으나 고구려에게 빼앗겨 오히려 한강 지역을 위협받았습니다. 하여 신라는 꼭 그 성을 되찾고 싶어 했습니다. 신라군은 지휘관 김용춘의 지휘 아래 성을 공격했습니다.

　"진격하라!"

　"성에 다가오지 못하도록 막아라!"

　성 밖으로 나와 목책 안에서 대기하던 고구려군은 신라군을 간단히 물리쳤습니다. 신라 병사의 전열이 흐트러지자, 고구려 병사들이 목책 밖으로 나와 신라 병사들을 마구 죽였습니다. 신라군은 사기가 꺾인 채 싸울 의지를 버리며 점차 무너져 갔습니다. 그때였습니다. 김유신이 아버지 김서현 장군에게 말했습니다.

"우리 군사가 패했습니다. 제가 평생 충효를 갖고 살겠다고 기약했으니, 전쟁에 임해 용기를 내겠습니다."

김유신은 말을 탄 채 휘하 직속 기병들을 데리고 과감하게 적진으로 뛰어들었습니다. 고구려군은 예상치 못한 반격에 당황해했고, 김유신은 순식간에 고구려 장수의 목을 베어서 돌아왔습니다. 그 모습을 보고 신라군은 용기를 얻어 다시 힘내어 싸움에 나섰습니다. 함성을 지르며 달려드는 신라군의 기세에 눌렸는지 고구려 병사들은 성안으로 돌아가려 했으나 성문이 좁아 한꺼번에 들어갈 수 없었습니다. 신라군은 고구려 병사 5천여 명을 죽였고, 1천여 명을 포로로 사로잡았습니다. 그러자 성안에 남아 있던 고구려 병사들이 항복했습니다.

이 전투로 인해 김유신은 자신의 이름을 비로소 신라 왕실에 분명히 알릴 수 있게 됐습니다. 평균 수명이 40세이던 시절에 김유신은 만 34세 나이에 뒤늦게 무공을 인정받은 것이며, 이후 신라에서 가장 비중 있는 장수로 이름을 떨쳤습니다.

05 연개소문의 쿠데타

"연개소문을 다루기가 어려운데 좋은 방법이

없겠소?"

"연개소문을 죽여야 합니다."

"음, 어떻게?"

"천리 장성 쌓는 걸 감독하라고 내보낸 다음 기회를 보지요."

서기 642년 가을의 어느 날, 고구려 영류왕과 대신들은 연개소문을 없

애고자 비밀리에 논의했습니다. 당시 영류왕을 비롯한 대부분의 귀족이

중국에 대해 온건한 정책을 추구한 데 비해, 연개소문은 강경한 대응책

을 주장해서 자주 마찰을 겪었습니다. 체격 당당하고 성격 강직한 연개소

문은 좀처럼 자기주장을 굽히지 않았고, 그럴수록 국왕과 귀족들은 연개

소문을 두려워했습니다.

그로부터 며칠이 지난 뒤 고구려 수도 평양성 남쪽에서 대대적인 군사

사열식이 벌어졌습니다. 연개소문이 주관하는 자리였고, 주요 대신들이

빠짐없이 초대를 받았습니다. 연개소문은 이 행사를 마치고 천리 장성

축조를 감독하기 위해 길을 떠나야 했습니다. 귀족들은 연개소문의 의심을 사지 않기 위해 마지못해 행사장으로 갔습니다.

연개소문은 초대한 사람이 모두 참석했음을 확인하고는 행사를 진행함과 동시에 부하들에게 은밀한 신호를 보냈습니다. 기다렸던 부하들은 일제히 귀빈석으로 달려가서 100여 명에 이르는 귀족을 모두 죽였습니다. 그리고 궁궐로 가서 영류왕마저 죽였습니다.

"악!"

어째서 이런 일이 벌어졌을까요? 연개소문은 영류왕이 다른 귀족들과 모의하여 자기를 죽이려 한다는 사실을 미리 알았습니다. 멀리 변방으로 떠나면 돌아오기 힘들고, 어느 순간 암살당할 것 같은 불길한 미래를 상상하게 되자 쿠데타(힘으로 정권을 뺏는 일)를 결심했습니다. 연개소문이 군사 사열식을 빙자해 주요 대신들을 초대하여 죽인 까닭입니다.

그렇다면 다른 장수들은 왜 연개소문의 쿠데타에 가담했을까요? 그 이유는 영류왕의 유약한 대외 정책에 있습니다. 영류왕은 640년 당나라에 태자를 사신으로 보내며 친하게 지내자는 뜻을 나타냈습니다. 당나라는 겉으로 고구려에게 사이좋게 대하면서 몰래 전쟁을 준비하는 중이었습니다. 고구려 장수들은 그런 영류왕에게 불만을 품었고, 연개소문의 쿠데타에 동조하게 된 것입니다.

"고구려는 결코 나약한 나라가 아니다!"

연개소문은 영류왕의 조카(보장왕)를 제28대 국왕으로 옹립한 뒤, 최고 관직인 대막리지(大莫離支)가 되어 실질적으로 고구려를 다스렸습니다. 연개소문은 신라를 공격하여 여러 성을 빼앗았고, 신라의 요청을 받아 당나라에서 보낸 사신을 감옥에 가두어 버렸습니다.

"우리 고구려는 너희 당나라의 지시를 받는 나라가 아니다!"

당나라 태종이 화를 내며 고구려 침공에 나서서 645년 안시성까지 진격했으나, 연개소문은 당나라 군대의 보급로를 끊으며 반격해 물리쳤습니다. 이후에도 여러 차례에 걸친 당나라 공격을 잘 막아냈을 뿐만 아니라 오히려 중국으로 진출하려 했습니다.

연개소문은 23년 동안 막강한 권력을 행사하다가 665년에 죽었습니다. 그가 죽은 뒤, 중국에서는 연개소문을 포악한 인물이라고 평가했고 신라 역시 《삼국사기》에서 잔인하고 악독한 인물이라고 기록했습니다. 심지어 '말에 오르내릴 때는 항상 사람을 발판으로 삼았다.'고 써서 나쁜 성격을 강조했습니다.

어떤 면에서 맞는 말이지만, 그보다는 왜곡된 게 더 많습니다. 한 예를 들면 연개소문은 말에 올라탈 때마다 당나라 포로의 등을 밟으며 당나라에게 이기겠다는 의지를 다졌습니다. 중국 측에서는 그걸 불쾌하게 여겨 연개소문을 안하무인의 흉악한 인물로 묘사했고, 신라에서는 그걸 그대로 옮겨 적었습니다. 반대로 말하자면 중국이나 신라는 연개소문을 무척 두려워했다는 뜻입니다.

연개소문의 활약이 얼마나 대단했는지는 중국 전통 경극에서 연개소문이 오랫동안 신기에 가까운 무술을 지닌 장수로 등장한 데서 대략 짐작할 수 있습니다.

06 황산벌 싸움

"참으로 미안하오. 그러나 우리의 운명이니 받아들이시오."

서기 660년 7월 초, 백제의 계백 장군은 출정에 앞서 자신의 아내와 자식을 칼로 베어 죽였습니다. 백제 군사보다 열 배 이상 되는 신라 군대에 맞서기 위해서는 죽음을 무릅써야 한다고 판단했기 때문입니다. 계백은 황산벌에 진영을 갖추고 5000 결사대에게 말했습니다.

"월나라 왕 구천은 5000 군사만으로 오나라 70만 군사를 격파한 일이 있노라. 우리도 용기를 다해 싸우면 반드시 이길 것이다!"

7월 9일, 신라 5만 대군이 황산벌에 도착함에 따라 격렬한 전투가 벌어졌습니다. 백제는 수적으로 매우 불리했지만 강인한 정신력을 발휘하여 신라에게 밀리지 않았습니다. 이틀에 걸쳐 네 차례 큰 싸움이 벌어졌으나 백제가 모두 이겼습니다.

그러자 신라군 지휘부에서 병사들 사기를 드높이고자 장수 김유신의 조카 반굴(盤屈)을 전쟁터로 내보냈습니다. 하지만 반굴은 싸우다 죽었습니다. 그 모습을 본 좌장군 김품일의 아들 관창(官昌)이 자진하여 백제

군 진영으로 돌격했습니다.

　"죽이기에는 너무 어리구나!"

　계백은 사로잡은 관창을 신라군 진영으로 돌려보냈습니다. 그런데도 풀려난 관창은 다시 백제군 진영으로 쳐들어갔고, 계백은 그 관창을 마지못해 죽였습니다. 관창의 돌진은 무모해 보이는 행동이었습니다. 그렇지만 결과적으로 15세 소년 관창의 죽음은 신라군의 감정을 크게 자극했습니다.

　"그의 죽음을 부끄럽지 않게 하자!"

　분노한 신라군은 총공세를 펼쳤으며 백제군은 결국 패했고 계백은 전사했습니다. 그와 동시에 당나라 수군이 협공해 왔습니다. 백제는 대항할 힘을 잃었고 별수 없이 의자왕은 항복했습니다. 이로써 백제는 역사 속으로 사라졌습니다.

07 원효, 해골 물이 준 깨우침

    원효(元曉, 617~686)는 신라 귀족 집안에서 태어나 소년 시절 화랑(花郞)으로 활동했습니다. '화랑'은 왕과 귀족의 자제들로 이루어진 청소년 심신 수련 조직인데, 원효는 뛰어난 기억력과 총명함으로 집안의 기대를 모았습니다. 그러나 어머니의 죽음을 계기로 살아야 할 이유와 목표에 대해 깊이 생각하게 됐습니다.

    "삶은 무엇이고 죽음은 무엇인가?"

    원효는 출가하여 스님이 되고자 했습니다. 할아버지와 아버지가 원효의 재능을 높이 평가하여 말렸으나, 원효는 형이 있으니 자기 뜻을 들어

달라고 간청했습니다. 결국 집안의 허락을 받은 뒤

원효는 스님이 되어 여러 절을 다니며 부처의 가르침을 배웠습니다. 원효는 그런 시간을 통해 불교를 어느 정도 알 것 같았지만 뭔가 부족하다고 생각했습니다.

"우리에게 불교를 전해 준 당나라로 가서 더 공부해야겠어."

원효는 44세 때인 661년에 의상(義湘, 625~702)과 함께 당나라로 유학의 길을 떠났습니다. 33세 때 의상과 함께 걸어서 당나라로 가던 도중 요동(遼東) 근처에서 고구려 국경 경비대에게 붙잡혔다 풀려난 적이 있었기에, 이번에는 뱃길을 택했습니다.

원효와 의상은 걷고 또 걸어서 당항성 근처에 도착했습니다. 당항성은 지금의 경기도 화성시 서신면에 있는 산성으로, 신라 시대에는 서해를 통하여 중국과 교통하는 출입구이자 중요한 무역항이었습니다. 원효와 의상은 이곳에서 배를 타고 당나라로 건너갈 계획이었습니다.

"하룻밤 자고 가세."

원효와 의상은 밤이 깊어지자 산골에서 잠을 잤습니다. 그날 밤 원효는 잠결에 목이 말라 물을 찾았습니다. 원효는 손으로 더듬어서 바가지를 찾았고 거기에 담겨 있는 물을 맛있게 마셨습니다.

"물이 참 달고 시원하구나."

다음 날 아침, 잠에서 깬 원효는 바가지를 보고 깜짝 놀랐습니다. 자신이 잠잔 곳은 무덤 옆이었고, 바가지의 정체는 해골이었기 때문입니다.

"웩!"

원효는 더러운 물이라는 생각에 급히 토하다가 문득 깨달음을 얻었습니다.

'똑같은 물인데 한때는 맛있다고 느끼고 지금은 더럽다고 생각하다니……. 깨끗함과 더러움이 내 마음에 달려 있구나!'

원효는 불교에서 말하는 일체유심조(一切唯心造) 진리를 깨달은 것입니다. '일체유심조'는 '세상사 모든 일은 마음먹기에 달려 있다.'는 뜻으로 불교《화엄경》의 핵심 사상입니다. 이날 원효는 당나라 유학을 포기하고, 적극적으로 불교를 보급했습니다. 원효는 분황사에 있으면서《화엄경소》를 지어 간행하는 한편, 사람들에게는 이렇게 말했습니다.

"누구나 '나무아미타불'을 열 번만 외우면 극락정토에 태어날 수 있습니다."

원효는 글을 모르는 사람도 쉽게 이해할 수 있도록 다음과 같은 노래를 부르며 돌아다녔습니다.

"모든 일에 거리낌 없는 사람이라야 살아서든 죽어서든 편안함을 얻으리라."

불교 경전에 있는 가르침을 노랫말에 담은 이른바 <무애가(無碍歌)>

입니다. '無(없을 무), 碍(거리낄 애), 歌(노래 가)'라는 문자 그대로 뭔가에 얽매이지 않고 사는 게 불교 진리임을 강조한 노래이지요.

원효의 노력 덕분에 신라의 많은 사람이 부처를 믿고 나무아미타불을 외쳤으니, 작은 깨우침이 큰 파장을 일으킨 셈입니다. 오늘날 원효는 우리나라 역사상 최대 불교 사상가이자 실천적 종교 지도자로 평가받고 있습니다.

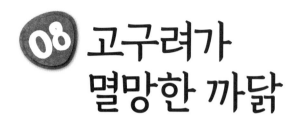

08 고구려가 멸망한 까닭

"너희는 절대로 벼슬을 탐내어 서로 다투지 마라. 서로 반목하여 세상 사람들의 웃음거리가 돼서는 안 된다."

서기 665년, 연개소문이 죽기 전에 아들 삼 형제에게 남긴 유언입니다. 연개소문에게는 남생(男生), 남건(男建), 남산(男産) 세 아들이 있었는데 이들의 사이가 나쁨을 잘 알기에 이처럼 말한 것입니다.

우려는 현실이 되었습니다. 연개소문이 죽은 뒤 남생은 대막리지가 되어 고구려의 실질적 통치자로 나섰습니다. 그러자 고위직에 있던 둘째 남건이 그런 형을 질투하며 기회를 엿보았습니다.

"나도 최고 권력자가 되고 싶어. 반드시 그렇게 될 거야."

남생이 지방을 둘러보러 성을 비운 사이, 남건이 일을 벌였습니다. 남생의 아들을 죽이고 자신이 대막리지로 올라선 것입니다. 지방에서 그 소식을 들은 남생은 크게 분노하여 감정적으로 대응했습니다. 곧바로 당나라에 항복했거든요.

"잘 왔소이다."

　당나라 정부는 남생을 환영했습니다. 그도 그럴 것이 연개소문이 사는 동안 감히 고구려를 넘보지 못했는데 그의 맏아들이 자진하여 항복했기 때문입니다. 당나라는 남생을 통해 고구려가 이빨 빠진 호랑이가 되었음을 알았습니다.

　"연개소문도 없고, 권력 다툼에 빠진 고구려를 칠 기회다!"

　666년 12월에 당나라는 제3차 고구려 원정군을 일으켰습니다. 남생은 동생에 대한 복수심에 눈이 멀어 기꺼이 고구려 정벌의 앞잡이로 나섰습니다. 조국에 대한 반역이었지만 남생은 개의치 않았습니다. 당나라는 이듬해 신라에게 연락해서 고구려를 공격하라고 했습니다. 신라 김유신 장군은 20만 군사를 거느리고 고구려 공격에 나섰습니다.

고구려는 여전히 강한 나라였지만 연개소문이 통치할 당시만큼은 아니었습니다. 더구나 당나라와 신라의 100만 대군이 양쪽에서 동시에 공격해오자 상대하기 벅찼습니다. 고구려의 여러 성이 차례로 무너지고 668년 7월에는 평양성이 신라·당나라 연합군에게 포위되었습니다. 고구려는 한 달이 넘도록 평양성을 굳게 지켰습니다. 신라와 당나라가 보기에 평양성 공략은 쉽지 않았습니다. 적어도 겉으로는 그래 보였습니다.

그러나 고구려의 평양성은 안에서 금이 쩍쩍 갈라지기 시작했습니다. 고구려 지도부가 두 가지 의견으로 갈라져 대립했으니까요.

"끝까지 싸워 저놈들을 물리쳐야 한다!"

"병력이 너무 부족하니 항복하는 게 낫습니다."

남건은 계속 맞싸워야 한다고 주장했고, 동생 남산은 일단 항복한 뒤 재기할 기회를 엿봐야 한다고 주장했습니다. 여러 차례 대화해도 그 간격은 좁혀지지 않았습니다. 급기야 각자 알아서 처신하기로 합의를 보았습니다.

"내가 나가서 협상해 보겠습니다."

남산은 성 밖으로 나가서 당나라에 화해를 청했습니다. 당나라는 화해의 손을 받아들이지 않았습니다. 오히려 고구려를 더욱 얕잡아 보았습니다. 성안에 있는 대부분의 고구려 사람들은 죽기를 각오하고 여전히 맞싸우고자 했습니다. 그렇지만 일부 사람들은 싸울 의욕을 잃고 자기 살길을 찾았습니다.

"적군이다!"

9월 26일 새벽, 평양성 성문으로 신라·당나라 연합군이 쏟아져 들어왔습니다. 적군과 내통한 누군가가 성문을 열어 준 것입니다. 성안 곳곳에서 피 튀기는 살벌한 전투가 벌어졌으나 고구려의 운명은 거기까지였습니다.

"드디어 평양성을 점령했노라!"

그날 고구려는 멸망했습니다. 고구려 국왕을 비롯해 남건과 남산 형제, 수많은 대신과 장수 그리고 백성 등 20만 명이나 되는 사람이 포로가 되어 당나라 장안성으로 끌려갔습니다.

고구려가 멸망한 데에는 여러 이유가 있습니다만 가장 큰 것은 연개소문의 족벌 정치입니다. 능력에 상관없이 세 아들을 고위직에 임명함으로써 유능한 사람들이 능력을 발휘하지 못했고, 세 아들은 서로 다투기만 하다 나라를 망하게 했으니까요. 어쨌든 고구려가 멸망하면서 우리나라의 영토는 한반도로 좁아졌으니 참으로 안타까운 일이었습니다.

09 발해 건국

당나라는 고구려를 멸망시킨 뒤, 분산 정책을 펼쳤습니다. 고구려인이 뭉쳐서 다시 도전해 올까 두려웠기 때문입니다. 당나라 정부는 고구려인 3만여 가구를 랴오허강 서쪽으로 옮겨 살게 했습니다. 대조영(大祚榮, ?~719) 가족도 거기에 끼여 있었습니다. 대조영은 속으로 결심했습니다.

'분하다. 하지만 반드시 고구려인의 강한 기질을 보여 줄 거야.'

당시 랴오허강 서쪽 지방에는 거란족이 당나라의 지배를 받고 있었습니다. 당연히 거란족도 당나라에게 불만을 품었습니다. 서기 696년, 흉년이 들어 굶어 죽는 사람이 늘었습니다. 민심이 더 나빠지자 거란족 추장 이진충은 반란을 일으켰습니다. 그해 10월 당나라는 토벌군을 보내어 이진충을 죽였지만, 다른 거란족 추장이 반항을 계속하며 당나라 군대를 물리쳤습니다. 이로 인해 나라가 온통 시끄러워졌습니다.

"지금이 기회다!"

대조영은 혼란스러운 틈을 타서 고구려인을 모은 뒤 말갈족 추장 걸사비우와 함께 동쪽으로 이동했습니다. 고구려의 옛 영토로 가기 위함이었습니다. 당나라는 군대를 보내 그 뒤를 쫓았습니다. 말갈족이 먼저 당나라 군대와 싸웠고 그 과정에서 걸사비우가 죽었습니다.

"우리도 당신을 따르겠습니다!"

살아남은 말갈족 사람들이 대조영의 이동에 참가했습니다. 대조영은 쫓아오는 당나라 군대를 격파할 묘책을 생각해 냈습니다.

'천문령(天門嶺) 산악지대로 유인한 다음 기습적으로 공격하자.'

대조영은 천문령 전투에서 대승을 거두며 지도력을 인정받았습니다. 대패한 당나라 군대는 거기서 물러났고, 대조영은 699년 지금의 지린성[吉林省] 동모산에 성을 쌓고 도읍을 정한 다음 나라를 세웠습니다. 처음에는 국호를 '진(震)'이라고 했으나 나중에 '발해(渤海)'로 고쳤습니다. 이후 발해는 '해동성국(海東盛國, 바다 동쪽의 융성한 나라)'이라 불리며 200여 년 동안 번성했습니다.

 ⑩ 바다를 지배한 장보고

"활을 참 잘 쏘네!"

신라 시대 때 '활 잘 쏘는 사람'이라는 뜻의 이름을 가진 '궁복(弓福)'이
란 사람이 있었습니다. 그는 평민 출신이었지만 어려서부터 무예가 뛰어
났고 물에 익숙했으며, 신분을 뛰어넘어 무언가를 달성하려는 야망이 큰
인물이었습니다. 그 무렵 신라에서는 신분 제도로 인해 평민은 높은 지위
로 올라설 수 없었습니다.

"당나라로 가서 크게 성공하자!"

그는 희망찬 꿈을 안고 당나라로 건너갔습니다. 그런데 중국에 도착해
보니 귀족층만 성을 사용하는 신라 사람과 달리 중국 사람들은 모두 성
(姓)을 가지고 있었습니다. 그래서 궁복은 자신도 성을 갖기로 마음먹고
는, 자기 이름 첫 글자 궁(弓)과 중국에서 제일 흔한 장(長)씨를 합쳐 성
을 장(張)씨라 하였으며, 복(福) 자의 소리를 늘여서 이름을 보고(保皐)로
바꿨습니다. 이때부터 궁복은 장보고(張保皐, ?~846)로 불렸습니다.

장보고는 무술 실력을 인정받아 무령군 소장으로 일했습니다. 그러던

어느 날 자신이 담당한 지역에 신라인이 노예로 잡혀 오는 모습을 보고 큰 충격을 받았습니다.

'중국인의 노략질이 참으로 심각하구나!'

장보고는 그 길로 귀국했으며, 서기 828년 신라 흥덕왕에게 전라남도 남쪽 해안에 청해진(淸海鎭, 지금의 완도) 설치를 건의했습니다.

"제게 군사를 주시면 바다에서 당나라 해적들을 몰아내겠습니다."

중국 해적 때문에 무역에 막대한 피해가 있음을 잘 아는 흥덕왕은 기대에 찬 마음으로 장보고의 청을 받아들였습니다. 장보고는 군사 1만 명을 모아 청해진을 건설했고, 잘 훈련한 다음 당나라와 일본 해적을 완전히 제압했습니다. 덕분에 신라는 중국과 일본은 물론 아랍의 여러 나라와도 무역하며 많은 이익을 얻었습니다.

11 고려에 나라를 넘긴 신라 경순왕

10세기 초, 한반도 상황은 몹시 어지러웠습니다. 서남쪽에서는 견훤이 후백제를 세우고, 중북부에서는 궁예가 후고구려를 세워 신라에 대항했기 때문입니다. 후고구려는 왕건에 의해 고려로 이름이 바뀌었지만 신라에는 여전히 골치 아픈 존재였습니다.

"국왕이 별거 아니네."

국왕 권력이 약해진 틈을 타 지방 호족들은 독자 세력을 형성하며 자기만의 실질적 왕국을 다스렸습니다. 그런 데다 927년에는 견훤이 신라 수도 경주를 점령한 다음, 경애왕을 죽이고 경애왕의 이종 6촌 동생인 김부를 새로운 국왕으로 삼았습니다. 제56대 군주 경순왕이 그렇게 허약한 모습으로 왕위에 올랐으니 한마디로 신라는 허울뿐인 나라나 다름없었습니다.

"이를 어찌하나."

경순왕은 마음이 여린 사람이었습니다. 연일 전쟁으로 인해 땅은 피로 물들고, 신라 국토는 점점 좁아졌습니다. 서기 935년 11월에 경순왕은 결단을 내렸습니다. 군신 회의를 열어 의논한 끝에 신라를 고려에 넘기기로 한 것입니다. 후백제는 너무 사납지만 상대적으로 고려가 온화한 점을 살피어 고려를 택한 것이고요.

"그건 아니 되옵니다. 충신들과 함께 제대로 싸우지도 않고 나라를 버릴 수는 없습니다."

태자는 경순왕에게 반대 의견을 밝혔습니다. 경순왕이 말했습니다.

"죄 없는 백성들을 더는 죽게 내버려 둘 수는 없느니라."

경순왕은 왕건에게 국서를 보내고 고려에 항복했습니다. 이로써 천년 왕국은 스스로 문을 닫았습니다.

그러자 태자는 반발한 채 궁궐을 떠났습니다. 《삼국사기》에 따르면 '태자는 개골산(皆骨山, 금강산)을 찾아 마의(麻衣, 삼베옷)를 입고 바위에 의지하면서 풀뿌리로 연명하다가 삶을 마감했다.'고 합니다. 사람들은 그를 '마의 태자'라고 부르며 안타까워했습니다.

12 불교를 권장한 왕건

이것을 지켜야 해!

훈요십조

왕건은 지방 호족의 딸들과 결혼하여 친분을 두텁게 하면서 나라를 안정시켰습니다. 개국 공신과 지방 호족에게는 다양한 성(姓)을 주어 특별한 권위 의식을 가지게 했습니다. 덕분에 고려는 빠르게 안정되었습니다.

그리고 943년 4월, 왕건은 세상을 떠나기 전에 후대 임금이 지켜야 할 열 가지 교훈을 남겼습니다. '훈요십조(訓要十條)'로 불리는 그 내용은 다음과 같습니다.

1. 불교를 숭상하되, 사원의 폐단을 엄단하라.

2. 사원을 함부로 짓지 마라.

3. 장자가 왕위 계승을 하되, 어질지 못하면 신망 있는 자에게 정통을 잇게 하라.

4. 고려의 특성에 맞게 예약을 발전시켜라.

5. 지맥의 근본인 서경을 중시하여라.

6. 연등(燃燈)과 팔관(八關) 등을 소홀히 하지 마라.

7. 백성들의 신망을 얻고 신상필벌을 확실히 하라.

8. 차령 이남 금강 밖 지방은 산세가 거꾸로 달려 역모의 기상을 품고 있으니 결코 그 지역 사람을 중히 쓰지 마라.

9. 백관의 녹봉을 제도에 따라 마련했으니, 함부로 증감하지 마라.

10. 경전과 역사를 널리 읽어 온고지신의 교훈으로 삼아라.

열 가지라고는 하지만 사실상 불교와 관련된 내용이 세 가지나 됩니다. 이후 고려의 역대 왕들은 왕건의 가르침에 따라 무엇보다 불교를 장려하면서 고려 왕조가 부처의 보살핌을 받고 있음을 은연중 강조했습니다. 고려 시대에 불교가 성행한 이유가 여기에 있습니다.

13 서희의 담판

서기 993년(성종 12), 고려에 큰 위기가 닥쳤습니다. 거란 군사 책임자 소손녕(蕭遜寧)은 봉산군을 점령한 다음 고려에 문서를 보내 무릎을 꿇으라고 요구했습니다. 고려의 여러 신하는 두려움에 떨며 빨리 항복 문서를 보내어 일부 땅을 내주고 나머지 국토를 지키자고 말했습니다. 이때 서희(徐熙, 942~998)가 다른 의견을 내놓았습니다.

"그들의 군사력이 우세함만 보고 서경 이북 땅을 떼어 주는 것은 묘책이 아닙니다. 또 삼각산 이북도 고구려 옛 땅인데 저들이 계속 욕심을 부려 요구한다면 그마저 주시겠나이까?"

"……."

성종은 여러 대신보다 서희의 말을 옳다고 생각했습니다. 하여 서희를 중군사(中軍使)로 명하고 시중 문하시랑 최량과 더불어 군대를 이끌고 북쪽 국경에 주둔하며 평안도를 방비하게 했습니다. 서희는 전투태세를 갖추면서도 한편으로는 협상을 생각했습니다.

항복 요구 문서 속에서 거란의 약점을 간파한

서희는 국서를 들고 대범하게 소손녕을 만났습니다.

소손녕은 서희가 찾아오자 거만하게 내려다보며 말했습니다.

"나는 대국의 귀인이니 그대는 나에게 뜰에서 절해야 한다."

서희는 소손녕의 위압적 요구를 거부하며 대답했습니다.

"신하가 임금을 대할 때라면 모르겠지만 양국 대신들이 마주 보는 자리에서 어찌 그럴 수 있겠는가?"

서희의 의연한 태도와 당당한 논리는 소손녕을 심리적으로 압도했고, 이런 기세는 협상에서도 그대로 유지되었습니다. 소손녕이 먼저 말했습니다.

"고려는 신라 땅에서 일어났고 고구려 땅은 우리가 차지했는데 당신네가 이를 조금씩 먹어 들어왔고, 또 우리나라와 땅이 이어져 있음에도 바다 건너 송나라를 섬기므로 군사를 일으켜 여기에 왔소. 만일 땅을 떼어 바치고, 황제에게 사신을 보내면 무사할 것이오."

항복하지 않으면 공격하겠다는 협박이었습니다. 서희가 대답했습니다.

"그렇지 않소, 우리나라가 바로 고구려의 옛 땅이오. 그렇기에 나라 이름을 고려라고 하였고, 평양에 도읍하였소. 만약 국경을 따진다면 귀국의 동경도 모두 우리 국경 안에 있던 것인데 어찌 조금씩 먹어 들었다고 할 수 있습니까? 그리고 압록강 안팎도 우리 땅인데 지금 여진이 훔쳐 살고 있소이다. 교활하고 간사한 그들이 통로를 막아 바다를 건너는 것보다도 더 어렵기에 황제에게 사신을 보내지 못하고 있소. 만일 여진을 쫓아내고 우리의 옛 땅을 찾아 성(城)을 쌓고 길이 통하면 어찌 사신을 보내지 않겠소."

거란이 새로운 강국임을 인정하면서도 고려의 입장을 설명한 지혜로운 답변이었습니다. 한편으로는 거란에 군사를 돌려 돌아갈 명분을 주는 말이기도 했습니다. 결국 소손녕은 거란 임금과 상의한 뒤 너그러운 척 고려 입장을 받아들이면서 철군을 결정했고, 서희는 당당히 개선했습니다.

서희가 소손녕을 설득한 비결은 뭘까요? 그것은 말재주가 아니었습니다. 고려-거란-송의 관계를 정확히 파악한 상태에서 거란이 원하는 게 뭔지 알아내고 그에 맞는 대답을 들려준 게 협상 승인이었습니다. 여전히 송나라와 맞서고 있는 거란으로서는 고려와 일대 전쟁을 벌이는 일에 부담을 가졌기에 겁만 준 채 화친을 맺으려 했는데, 고려가 표면상 그렇게 반응하자 타협에 응했던 것입니다.

서희는 여기에 그치지 않고 거란과 사이좋게 지내려면 여진을 몰아내야 한다고 주장하여 그 뜻을 관철시켰습니다. 실제로 서희는 직접 군사를 이끌고 여진족을 쫓아냈으며 여러 고을에 성을 쌓고 고려 영토를 압록강까지 확대시켰습니다. 서희의 담판 덕분에 고려는 피 한 방울도 흘리지 않고 청천강에서 압록강까지 영토를 늘리는 데 성공했으니 절체절명 위기를 기회로 바꾸어 전화위복으로 만든 셈입니다.

14 윤관의 별무반

"여진족이 또 쳐들어왔습니다!"

12세기 초, 여진족 우두머리 완안(完顏)이 부족을 통일한 뒤 정착 세력을 넓히면서 고려 국경을 넘어 공격해 왔습니다. 1104년, 여진족이 천리장성 근처인 정주로 쳐들어오자 고려 숙종은 임간(林幹)을 보내 방어하게 했습니다. 그러나 임간은 싸움에 패하고 정주성을 빼앗겼습니다. 이에 숙종은 윤관(尹瓘, ?~1111)을 보냈지만 윤관 역시 적을 물리치지 못했습니다. 다만 윤관은 여진족 우두머리와 만나 더는 싸움을 하지 말자는 약속을 끌어낸 채 되돌아왔습니다.

"걷는 보병으로는 말 탄 기병을 이길 수 없습니다."

윤관은 숙종에게 건의하여 일종의 특수 부대인 별무반(別武班)을 창설했습니다. 그때까지 고려군은 보병 부대가 주축을 이뤘습니다. 별무반은 기존에 있던 보병 부대와 달리 임시로 만든 군사 조직으로서, 여진족 정벌을 위한 일종의 별동 부대였습니다. 별무반은 기병 부대인 신기군, 보병 부대인 신보군, 승병 부대인 항마군으로 조직됐고 각 부대는 엄한 훈련을

반복해서 했습니다.

"더욱 힘을 주고 찔러라!"

"얍!"

1107년, 윤관은 잘 훈련된 별무반 17만 대군을 거느리고 여진 정벌에 나섰습니다. 총사령관 윤관은 이전과는 전혀 다른 군사력으로 여진족을 고려 국경 지역에서 북쪽으로 몰아냈습니다. 윤관은 나아가 동북 9성(함주, 영주, 웅주, 복주, 길주, 공험진, 숭녕진, 통태진, 진양진)을 쌓았습니다. 북쪽으로 쫓겨난 여진족이 얼마 뒤 쳐들어왔으나 윤관은 이를 가볍게 물리쳤습니다. 윤관 덕분에 고려 국경은 북으로 더 올라갔고 튼튼해졌습니다.

윤관은 이듬해 당당하게 개선했고, 북진 정책을 이룬 공으로 영평(파평)백에 봉해져 파평 윤씨의 시조가 되었습니다.

15 묘청의 반란

묘청(妙淸, ?~1135)은 풍수지리에 밝은 승려였습니다. 서경(西京, 평양)의 일관(日官, 하늘의 날씨를 살피는 관원)이었던 백수한은 묘청을 스승으로 모셨습니다. 그들은 개경(지금의 개성)의 땅기운이 다했으므로 왕의 기운이 가득한 서경으로 도읍을 옮겨야 한다고 주장했습니다. 서경 사람인 정지상도 그들의 말에 동조했습니다.

임금을 모시면서 신임받고 있었던 정지상은 묘청을 '성인'이라 일컬으며 임금에게 소개했습니다. 인종은 묘청을 만난 뒤 범상치 않음을 느끼고 고문으로 모셔 도움말을 구했습니다. 묘청이 인종에게 말했습니다.

"이자겸의 난으로 궁궐이 불타 버린 개경은 기운이 다했습니다. 좋은 기운이 왕성한 서경으로 도읍을 옮겨야 합니다."

그렇지만 인종은 천도(遷都, 도읍을 옮김)를 망설였습니다. 엄청난 돈이 필요할 뿐만 아니라 여러모로 모험을 각오해야 하기 때문이었습니다. 묘청은 일단 국왕에게 서경을 살펴보게 하면서 관심을 끌어냈으며 여러 신하로 하여금 서경 천도 상소문을 올리게 했습니다.

"서경 땅에 궁궐을 세우면 천하를 다스릴 수 있을 것입니다."

마침내 인종은 서경에 궁궐 짓는 걸 허락했습니다. 그러자 이번에는 개경 귀족 세력이 강력히 반대하고 나섰습니다. 묘청에게는 운이 따르지 않았습니다. 서경에 궁궐을 짓는 동안 지진이 일어나거나 벼락이 떨어지는 일이 유난스레 많이 일어났으니까요.

불길함을 느낀 인종은 서경 천도를 포기했습니다. 이에 묘청은 반발하여 1135년 반란을 일으켰습니다. 묘청은 서경에 군사를 모은 다음 '대위(大爲)'라는 이름의 나라를 세웠습니다.

개경 세력의 우두머리 격인 김부식이 토벌군을 이끌고 진압에 나섰습니다. 정부군은 평양성을 둘러싼 채 고립 전략을 썼습니다. 묘청은 배신자의 손에 죽었고, 결국 반란군은 1년을 버티다 1136년 식량 부족과 병사들 사기 저하로 패배했습니다. 이리하여 북벌의 꿈을 가진 묘청의 서경 천도 시도는 허무하게 끝났습니다.

16 몽골의 침략과 고려의 저항

13세기 초, 몽골이 거란족의 금나라와 한족의 송나라를 위협하며 새로운 강국으로 떠올랐습니다. 몽골은 1219년 고려에 사신을 보내 정식으로 국교를 맺었지만 사실상 복종을 요구했습니다. 송나라와 긴밀한 관계에 있던 고려는 몽골에 경계하는 태도를 보였습니다.

"몽골의 힘을 보여 주마!"

1231년, 몽골의 살리타 장군이 군사를 거느리고 고려를 침략했습니다. 하지만 고려는 강력히 저항하여 몽골의 제1차 침입을 막아냈습니다. 몽골은 고려와 전쟁을 끝내자 합의하고 돌아갔습니다.

"아무래도 다시 쳐들어올 것 같으니, 도읍지를 옮기는 게 좋겠습니다."

1232년, 고려는 수도를 강화도로 옮겼습니다. 바다가 없는 곳에서 생활해 온 몽골군이 바다 싸움에 익숙하지 않음을 고려한 선택이었습니다. 예상대로 몽골은 제2차 침입을 감행했습니다. 살리타가 이끄는 몽골군은 개경을 함락하고 한강 유역까지 내려왔습니다.

"나라가 있고서 백성이 있노라!"

고려의 군인은 물론 일반인도 전투에 나서며 몽골군에 맞섰습니다. 불교 사찰의 승려들도 가만히 있지 않았습니다. 승려 김윤후는 처인성(處仁城, 지금의 용인) 전투에서 뛰어난 활 솜씨로 적장 살리타를 쏘아 죽였습니다. 우두머리를 잃어 기세가 꺾인 몽골군은 그 길로 후퇴하여 돌아갔습니다.

1253년, 몽골이 또다시 고려를 침입해 왔습니다. 이때 김윤후는 충주 산성을 맡아 지켰습니다. 몽골군이 두 달 넘게 성을 포위하여 식량이 떨어지자 김윤후가 이렇게 말했습니다.

"너희가 힘을 다해 적을 물리친다면 신분과 관계없이 벼슬을 주리라."

말을 마친 김윤후는 노비 문서를 쌓아 놓고 불을 질렀습니다. 감동한 사람들이 결사적으로 싸웠고, 몽골군은 결국 물러갔습니다. 전쟁이 끝난 뒤 김윤후는 전투에 참여한 백성과 관노에게 벼슬을 주었습니다.

화약을 발명한 최무선

"왜구를 쳐부술 묘책이 없을까?"

고려 말엽 무관으로 활동하던 최무선(崔茂宣, 1325~1395)은 왜구(일본 해적)가 수시로 우리나라 해안으로 쳐들어와 노략질함에 크게 분노하며 이처럼 고민했습니다. 왜구는 배를 타고 나타나서 물건을 빼앗은 다음 재빨리 달아났기에 좀처럼 붙잡기 힘들었거든요.

"왜선을 제압하는 데는 화약이 최고다!"

최무선은 총이나 대포를 쏠 수 있다면 왜구들이 타고 온 왜선을 격침할 수 있으리라 생각했습니다. 하여 그는 화약을 제조하고자 했으나 방법을 아는 사람이 아무도 없었습니다. 그때까지 화약 제조법은 원나라의 국가 비밀이어서, 고려에는 절대로 알려 주지 않았기 때문입니다.

'원나라 사람들을 만나면 알 수 있지 않을까?'

최무선은 벽란도로 가서 중국에서 건너오는 상인들을 붙들고 물어보았습니다. 벽란도는 개경에서 약간 떨어진 예성강 하구에 있는 국제 무역항 이름이며, 고려 시대에는 벽란도를 통해 중국과 많은 무역을 했습니다.

"혹시 화약 만드는 법을 아시오?"

대부분의 중국 상인은 모른다며 지나쳤지만 이원(李元)이란 상인은 조금 아는 듯이 대답했습니다. 이에 최무선은 그를 집으로 초대하여 좋은 옷과 맛난 음식을 대접하며 화약 제조법을 물었습니다. 처음에 이원은 국가 비밀이라서 알려 줄 수 없다고 했습니다. 그렇지만 최무선이 여러 날에 걸쳐 왜구의 침략을 거듭 말하며 나라를 살리기 위한 일이라고 호소하자 이원이 화약에 대해 말해 주었습니다.

최무선은 그 정보를 바탕으로 여러 차례 실험한 끝에 1373년 화약을 발명했습니다. 최무선의 건의로 1377년 화통도감이 설치됐고, 최무선은 각종 화약과 무기를 제조했습니다. 그리고 1380년 왜구가 대거 침입했을 때 전함을 이끌고 참전하여 왜선 500여 척을 격파했습니다. 이후 왜구는 감히 고려를 넘보지 못했습니다.

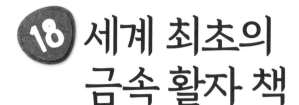 

18 세계 최초의 금속 활자 책

금속 활자?

고려 시대에 '백운 화상(白雲和尙)'이라고도 불린 경한(景閑, 1299~1374) 스님은 전국 사찰을 돌아다니며 도를 닦았고, 중국으로 건너가서 10여 년 동안 공부하다 돌아왔습니다. 경한은 한때 왕의 부름을 받았으나 정중히 거절하고 조용한 산속에 머물며 수양하다가 다음과 같은 말을 남기고 죽었습니다.

"이르는 곳이 모두 돌아갈 길이요, 만나는 곳이 모두 고향이로다."

경한은 세상을 떠나기 2년 전인 1372년에 원나라에서 가져온 《불조직지심체요절》의 내용을 대폭 늘려 상하 2권으로 펴냈습니다. '직지심체'는 '사람이 마음을 바르게 가지면 부처님의 마음을 깨닫게 된다.'라는 뜻입니다. 경한의 나이 73세 때의 일로, 제자와 불교 신도들에게 깨달음을 전해 주기 위해서였지요.

"스승님의 가르침을 책으로 인쇄하여 세상에 남깁시다."

1377년 7월에 경한의 제자 석찬과 달담이 청주 흥덕사에서 《백운화상초록불조직지심체요절》을 금속 활자로 인쇄했습니다. 줄여서 '직지심체요절' 또는 '직지'라고 부르는 이 불교 서적은 현재까지 전하는 금속 활자 인쇄 도서 중에서 가장 오래된 책입니다.

금속 활자는 대단히 획기적인 발명품입니다. 목판 활자는 일일이 문장 전체를 나무를 파서 만들어야 하므로 시간과 돈이 많이 들고 보관하기에도 어려움이 많습니다. 이에 비해 금속 활자는 상대적으로 제작이 간편하고 오랫동안 사용할 수 있습니다. 금속 활자는 하나하나 낱개로 제작하므로 인쇄가 끝난 다음에 활자를 흩어서 다른 책을 인쇄할 때 다시 쓸 수 있기 때문입니다.

그런데 안타깝게도 《직지심체요절》은 우리나라가 아닌 프랑스에 있습니다. 19세기 말엽 우리나라에 온 프랑스 외교관이 수집해 간 까닭입니다. 그나마 하권 하나만 보존되어 있습니다. 그렇지만 1972년 세계에서 가장 오래된 금속 활자본으로 공인받았으며, 2001년에는 유네스코 세계 기록 유산으로 등재되었습니다.

19 위화도 회군

"말세야. 누가 이 혼란을 정리해 주면 좋겠어."

나라가 어지러울 때는 영웅이 조명을 받습니다. 사람들은 누군가 나타나서 세상을 구해 주기를 바라는 경향이 있거든요. 고려 말엽에는 최영과 이성계가 그런 영웅으로 등장했습니다.

최영 장군은 공민왕 아래에서 북으로는 홍건적을 토벌하고 남으로 왜구를 물리쳐서 명성을 얻었습니다. 여러 차례에 걸친 전투에서 큰 공로를 세웠기에 최영은 최고 관직인 문하시중 지위에 올랐습니다.

"철령 이북의 땅을 우리가 갖겠노라."

1387년 12월, 신흥 강국인 명나라는 이처럼 결정하고 이듬해에 고려에 통보해 왔습니다. 이에 최영 장군은 요동 정벌을 주장했습니다. 명나라가 원나라를 정복한 군사 강국이기는 하지만 고려로서는 받아들이기 어려운 일이었기 때문입니다. 이성계는 반대했으나, 우왕과 최영은 전쟁해야 한다고 결정했습니다.

1388년 4월, 최영은 팔도 도통사가 되어 요동 정벌군을 이끌고 평양까지 나갔습니다. 그리고 거기서부터는 이성계와 조민수가 군사를 거느리고 북으로 전진했습니다. 이제 명나라와의 전쟁이 시작될 상황이 되었습니다.

"이 전쟁은 무리요. 우리 군대를 돌립시다."

그해 5월, 위화도(압록강 하구에 있는 섬)에서 이성계는 조민수를 설득한 다음 군대를 돌렸습니다. 이른바 '위화도 회군'입니다. 왕명을 거스른 일이므로 목숨을 건 일이었지요. 그렇지만 승산 있는 모험이었습니다. 고려의 가장 강한 군사들을 거느렸으니까요. 최영이 이들을 막아 보려 했지만 약한 군사력으로 인해 실패했습니다. 이성계와 조민수는 그해 6월 개경을 점령한 뒤 최영을 체포해서 멀리 유배 보내고 우왕을 왕위에서 쫓아냈습니다. 이후 이성계는 조민수마저 권력에서 내쫓고 반대파를 차례로 없앤 다음, 1392년 조선을 건국했습니다.

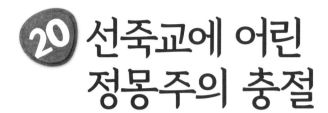

20 선죽교에 어린 정몽주의 충절

정몽주(鄭夢周, 1337~1392)는 공민왕 때 장원 급제하여 여러 관직을 거쳐 최고 직책인 문하시중(門下侍中, 오늘날의 총리)에까지 이른 인물입니다. 그는 정치, 경제, 외교, 문화 등 여러 방면에서 크게 공헌했습니다. 특히 유학(儒學)을 보급하고, 유교 제도를 정착시킨 업적이 매우 큽니다.

그렇지만 정몽주는 점차 불길한 느낌을 받았습니다. 이성계 일파가 권력을 장악하면서 새로운 나라를 세우려 했기 때문입니다.

"협조하지 않는 이는 모두 없애야 합니다."

그 무렵 이성계의 다섯째 아들 이방원은 정몽주를 포함하여 반대파를 모두 죽이자고 주장했습니다. 하지만 이성계는 정몽주만큼은 어떻게 해서든 같은 편으로 만들어 보라고 말했습니다. 하여 이방원은 정몽주를 찾아가 '이런들 어떠하리 저런들 어떠하리'로 시작되는 하여가(何如歌)를 읊으며 마음을 떠보았습니다. 이에 정몽주는 '임 향한 일편단심'이라는 단심가(丹心歌)로 거절을 나타냈습니다. 이방원은 불쾌한 마음을 억지로 참으며 자리를 일어섰고 더는 설득을 포기했습니다.

'내 아버님을 임금으로 섬기지 않겠다는 의지가 확실하구나.'

'내 반드시 네놈들의 역적모의를 꺾으리라.'

이방원과 정몽주는 서로 견제하면서 상대를 죽일 결정적 기회를 노렸습니다.

1392년 3월에 정몽주에게 정신 차릴 만한 소식이 들려왔습니다. 이성계가 황해도 해주에서 사냥하다 말에서 떨어져 위험한 상태에 빠졌다는 내용이었습니다. 정몽주는 기회가 왔다고 생각했습니다.

"이성계가 개경에 들어오면 죽여야겠다."

하지만 정몽주의 모의는 어찌어찌하여 이방원에게 들켰습니다. 이방원은 말을 달려 벽란도에서 아버지 이성계를 맞이하고는 정몽주를 죽여야겠다고 말했습니다. 이성계는 백성들이 존경하는 정몽주를 없애는 일에 곤란해했지만, 자신을 죽이려 한다는 보고에 마음을 독하게 먹고 부하들에게 정몽주 살해를 지시했습니다.

"정몽주가 반드시 병문안을 올 테니 그때 쳐라!"

변중량(이성계 형의 사위)은 스승 정몽주에게 그걸 알리면서 문병을 가지 말라고 말렸습니다.

"그래? 그렇다면 직접 동태를 살펴봐야겠구나."

"스승님, 그건 스스로 호랑이 굴에 들어가는 것이나 다름없습니다."

"염려는 고맙다만 기회는 자주 있는 것이 아니니 내가 나서야겠다."

정몽주는 행여 계획이 틀어질까 염려한 나머지 대담하게 이성계의 집을 찾아갔습니다. 이때 그의 제자 권우(權遇)와 수행 녹사(隨行錄事)가 동반하여 길을 나서려 했습니다.

"너희는 따라오지 마라. 나 혼자 조용히 다녀오마."

정몽주는 무슨 예감이 들었는지 그렇게 말했습니다. 권우는 할 수 없이 떨어지고, 수행 녹사만 정몽주 곁을 차마 떠나지 못하여 같이 길을 나섰습니다. 얼마 뒤 정몽주는 이성계의 집으로 들어섰고, 그 시각 이방원은

휘하 부하들을 시켜 길에서 습격하라고 명령했습니다.

그날 밤 정몽주가 탄 말이 선죽교에 들어서자마자 이방원이 보낸 조영규 등 서너 명이 철퇴를 들고 달려들었습니다. 정몽주는 말에서 떨어져 죽었습니다. 정몽주가 흘린 붉은 피는 돌다리 밑으로 흘러내렸고, 그곳에서 파란 대나무가 솟아났습니다.

백성들은 정몽주의 죽음을 매우 슬퍼했고 대나무가 솟아난 그 돌다리를 '선죽교(善竹橋, 착한 대나무 다리)'라고 불렀습니다. 선죽교에는 지금도 붉은 핏자국이 남아 있습니다.

21 한양 천도를 이끈 정도전

조선을 건국한 뒤 이성계는 고려에 대한 백성들의 그리움이나 미련을 없애고자 천도를 결심하면서 신하들에게 의견을 구했습니다. 풍수지리설에 밝은 하륜(河崙)은 무악(毋岳, 지금의 서울 신촌 지역)을 가장 좋은 길지(吉地)라고 주장했습니다.

"인왕산을 주산으로 삼아 무악에 동향으로 궁궐을 지어야 하옵니다."

이에 대해 정통 성리학자로서 자부심이 대단했던 정도전(鄭道傳)은 풍수지리를 잡설로 여기며 다음과 같이 반박했습니다.

"예로부터 천자(天子)는 남쪽을 향해 앉아 신하의 알현을 받고 천하를 다스렸습니다. 인왕을 주산으로 하여 궁궐을 동향으로 한다면 제왕과 신하의 위계질서가 깨지므로 태평성대를 이룰 수 없사옵니다."

무력을 사용해 집권한 까닭에 '위계질서'라는 말에 민감한 이성계는 정도전의 손을 들어 주었습니다. 하여 1394년에 조선의 새로운 도읍지는 한양으로 결정됐습니다. 도성 건설 총책임자로 임명된 정도전은 한양에 종묘·사직·궁궐·관아·시전·도로의 터를 정하고 그림으로 그려 왕에게 바치는 등 신도시 청사진을 완성했습니다.

정도전은 경복궁(景福宮)을 비롯해 성문 이름도 직접 정하면서 남대문을 숭례문(崇禮門), 동대문을 흥인지문(興仁之門), 서대문을 돈의문(敦義門), 북대문을 숙청문(肅淸門)이라고 했습니다.

정도전이 한양의 배치 구도를 설계했다면, 박자청은 건축을 지휘하며 현장을 이끌었습니다. 박자청은 천민이었지만 토목건축의 재능을 인정받아 특별히 발탁, 중용되었습니다. 임금으로부터 이 같은 대우를 받자 박자청은 감격하여 밤낮없이 온갖 노력을 기울이며 주요 건물들을 세우는 데 큰 공을 세웠습니다. 이렇게 완성된 한양 도성은 600년 세월을 조선 왕조와 함께했습니다.

22 김종서의 국경 확장

김종서(金宗瑞, 1390~1453)는 15세 때인 1405년 문과에 급제한 이후 여러 벼슬을 하는 동안 임금의 신임을 받았습니다. 업무 처리가 뛰어났을 뿐만 아니라 전국 각지에 파견될 때마다 민심을 정확히 살펴 보고한 까닭입니다. 김종서는 문인이면서도 지략이 뛰어나고 성품이 강직했기에 '대호(大虎, 큰 범)'라는 별명을 얻었습니다.

"고려의 윤관이 쌓은 9성 중 공험진이 어디인지 확인해 보오."

1433년, 세종은 김종서를 함길도 관찰사로 임명하면서 이처럼 지시했습니다. 당시 여진족이 수시로 국경을 침범하였기에 공험진을 확인해서 국토를 되찾으라는 뜻이었습니다. 43세 나이에 북쪽 국경 지역 사령관으로 부임한 김종서는 군사들을 배불리 먹이고 잔치도 자주 열어 주었습니다. 멀리 외진 곳으로 나와 불만을 품기 쉬운 군사들의 사기를 올려 주기 위함이었지요. 국가 재정을 낭비한다는 비난이 있었지만 김종서는 이렇게 말했습니다.

"집 떠나 고생하는 이들을 후하게 대접하고 위로하지 않는다면 누가 목숨 걸고 오랑캐를 막아 내려 할 것인가? 지금은 이들에게 소를 잡아 대접하지만 국경이 정비된 뒤에는 닭을 잡아도 충분할 것이다."

김종서는 함길도 남부 지방에 사는 가난한 2200가구를 국경 지역으로 옮겨 살게 하고는 농토를 주면서 그에 따른 세금도 크게 줄여 주었습니다. 사람들이 모여 살아야 실질적으로 영토 지배 효과를 얻기 때문입니다.

그런 뒤 먼저 회령을 공격하여 여진족을 몰아내고 회령진을 설치했습니다. 뒤이어 종성·온성·경원·경흥·부령에도 진(鎭)을 설치했습니다. 이로써 두만강 하류 지역까지 국경이 확정되었습니다.

김종서는 공로를 인정받아 1440년 중앙 조정으로 돌아와 형조 판서로 임명되었습니다. 그리고 오늘날 육진(六鎭) 개척을 통해 두만강까지 국토를 넓힌 훌륭한 인물로 평가받고 있습니다.

23 훈민정음 창제

"드디어 완성했도다!"

서기 1443년, 세종 대왕은 훈민정음(訓民正音)을 창제했습니다. 세종 대왕은 우리 민족의 문자가 없음을 안타깝게 여겨 박팽년·성삼문·신숙주·강희안 등 젊은 집현전 학자들과 함께 오랜 시간 음운(音韻, 말을 이루는 낱낱의 소리)에 관해 연구했고, 그 결과 독자적인 문자를 만들어낸 것입니다.

하지만 훈민정음을 세상에 내놓기까지에는 어려움이 많았습니다. 대다수 관리가 반대하고 나섰기 때문입니다. 대표적인 예로 집현전 부제학 최만리는 다음과 같은 논리로 부당하다고 주장했습니다.

"학문에 방해가 되고 정치에 유익함이 없으므로 아무리 생각해도 그 옳은 점을 찾아볼 수 없사옵니다."

그에 대해 세종 대왕은 말과 글의 이치를 알고 하는 말이냐는 뜻에서 이렇게 되물었습니다.

"그대들이 운서(韻書)가 무엇이며, 사성 칠음(四聲七音)의 글자가 몇

개나 있는 줄 아는가?"

　세종 대왕은 웬만한 학자 못지않은 집념과 연구로 훈민정음을 만들었기에 누구와도 토론할 자신이 있었던 것입니다. 실제로 훈민정음의 자모(字母)는 매우 과학적임이 현대에서 증명됐습니다. 발음의 기본 원리에 충실하여 배우기 쉽거든요. 또한 언어학적으로 볼 때도 한글은 세계 언어 가운데 가장 많은 발음을 표기할 수 있는 문자로 인정받고 있습니다.

　세종 대왕은 3년간 더 보완할 점이 있는지 연구, 보충한 다음 1446년에 훈민정음을 반포(세상에 알림)하였습니다. '훈민정음'은 '백성을 가르치는 바른 소리'란 뜻입니다. 오늘날에는 '한글'이라고 하는데, 주시경 선생이 20세기 초에 '크고 아름다운 글'이란 의미로 고쳐 불렀습니다.

24 조광조, 개혁 정치의 꿈

조광조(趙光祖, 1482~1519)는 자신이 생각하는 원칙에 어긋난 일이라면 타협하지 않는 성품으로 일생을 보낸 도덕적 완벽주의자였습니다.

"인재로구나!"

조선 제11대 왕 중종은 그런 조광조를 신임하여 가까이 두고 여러 일을 맡겼습니다. 조광조는 도학 정치(道學政治)를 역설하며 개혁의 길을 활기차게 걸었습니다. '도학 정치'는 유교 도덕을 바탕으로 나라를 다스리는 일을 뜻합니다. 조광조는 중종에게 간언(임금에게 옳지 못하거나 잘못된 일을 고치도록 하는 말)할 때도 임금이 동의한다는 뜻을 나타낼 때까지 설명하고 또 설명했습니다.

"알았도다."

중종은 처음엔 그런 조광조를 굳게 믿었습니다. 조광조를 따르는 사람도 날로 늘어났습니다. 그러나 조광조의 급격한 개혁 정책은 중종에게 점차 불안감을 안겨 주었고 기존 관리들의 반발을 불렀습니다. 중종반정(中宗反正) 때 참가하지도 않고 부당하게 공신(功臣)이 된 76명을 공신록에

서 지워 버린 일이 결정적이었습니다.

"아무래도 조광조를 없애야겠어."

1519년의 어느 날, 예조 판서 남곤과 도총관 심정은 희빈 홍씨의 아버지인 홍경주를 끌어들였습니다. 이들은 희빈과 짜고 대궐 후원의 나뭇잎에 꿀로 '주초위왕(走肖爲王)'이라는 글자를 쓴 다음 벌레가 갉아 먹게 했습니다. 그러고는 궁녀에게 그것을 왕에게 바쳐 조광조를 의심하게 했습니다.

"이게 무엇이냐?"

"走(주) 자와 肖(초) 자를 합하면 趙(조) 자가 되옵니다."

조씨가 왕이 된다는 뜻이었고, 조씨는 인기 절정의 조광조를 사실상 의미했습니다. 불안감을 느낀 중종은 다른 신하들의 탄핵(죄를 들어 나무람)을 받아들여 조광조에게 사약을 내렸습니다. 이로써 깨끗한 정치를 펼치려던 조광조의 목표는 사라져 버렸습니다.

25 위대한 영웅 이순신

이순신(李舜臣, 1545~1598)은 비교적 늦은 나이인 31세 때 무과(武科)에 합격하여 무관이 되었습니다. 하지만 성실한 자세와 어려서부터 남달리 관심을 가지고 연구한 병법(兵法, 군사를 지휘하여 싸우는 방법)에 대한 지식을 바탕으로 점차 두각을 나타냈습니다. 이순신은 준비성이 철저한 사람이었고 그의 능력은 1592년에 크게 빛을 뿜었습니다.

이순신은 7년 전쟁(임진왜란)이 일어나기 전해인 1591년 전라 좌도 수군절도사에 임명되자 각 부대의 현황을 살피는 한편 세계 최초의 철갑선인 거북선을 만들면서 군대를 튼튼히 했습니다.

"배 위에 왜 창검과 송곳을 꽂나요?"

"적이 배에 올라타지 못하도록 하기 위함이니라."

거북선 자체는 조선 초기에도 있었으나 두꺼운 쇠로 배 위를 보호하고 거기에 날카로운 쇠침을 꽂은 것은 이순신의 독창적인 생각이었습니다. 또한 앞머리, 옆구리에 화포를 설치해서 적군에게 포를 쏠 수 있게 만들

었습니다.

"거북선을 돌진시켜라!"

이순신은 1592년 5월 29일 벌어진 사천 해전에서 거북선을 처음으로 출전시켜 승리했으며, 조선 수군의 사기를 크게 올렸습니다. 이순신은 같은 해 여름 학익진(鶴翼陣, 학이 날개를 펼친 형태의 전술)을 사용해 대승을 거두며 왜군에게 두려움을 안겼습니다.

이순신은 한때 모함을 받아 백의종군(벼슬 없이 군대를 따라 싸움터로 감)했으나 1597년 삼도 수군통제사로 임명됐습니다. 당시 남은 배는 12척뿐이었습니다. 그러나 이순신은 1척을 보강하여 그해 가을 명량 해협에서 빠른 물살을 이용한 작전으로 왜선 133척 중 31척을 침몰시키고, 92척을 크게 부수며 승리했습니다. 이순신은 1598년 노량 해협에서 마지막 승리를 거뒀지만 적의 총탄을 맞고 숨졌습니다. 이순신은 위기에 빠진 조선을 구한 위대한 영웅입니다.

26 권율의 행주 대첩

"이놈들, 오기만 해 봐라.

뜨거운 맛을 보여 주마."

1593년, 권율(權慄, 1537~1599) 장군은 행주산성에서 다가올 전투를 기다리며 이처럼 다짐했습니다. 그렇지만 전세는 그다지 좋지 않았습니다. 일본으로부터 침략당한 조선을 도와주러 온 명나라 군대가 벽제관 전투에서 왜군에게 패하고 평양으로 돌아가는 바람에 사실상 홀로 싸워야 했기 때문입니다.

"저희도 힘을 보태겠습니다."

"고맙소."

의병장 김천일이 의병을 이끌고 행주산성으로 들어왔지만 정규 병력은 3000명이 되지 않았습니다. 더구나 행주산성은 앞쪽만 뚫려 있고 뒤에는 한강이 흐르고 있으므로 물러설 곳도 없었습니다.

"왜군이다! 모두 싸울 준비를 해라!"

드디어 3만 명이나 되는 왜군이 물밀 듯이 밀려왔습니다. 권율 장군은

침착함을 잃지 마라며 군사들에게 화살을 쏘게 했습니다. 이어 성으로 올라오려는 왜군을 향해 돌을 던지거나 뜨거운 물을 쏟아붓게 했습니다.

"으악, 뜨거워!"

훈련받은 병사는 물론 자발적으로 전투에 참여한 민간인 의병과 승려 그리고 성안의 아녀자들은 온 힘을 다해 왜군을 공격했습니다. 그 결과 왜군은 1만 명 이상이 죽거나 다치는 피해를 보고 물러갔습니다. 왜군을 이끌던 우키타는 간신히 목숨만 건진 채 도망쳤습니다. 이른바 행주 대첩(幸州大捷)은 이렇게 조선의 승리로 끝났습니다.

"치마에 돌을 날랐기에 행주치마라고 하나?"

한편 행주 대첩 때문에 '행주치마'라는 말이 생겼다는 설이 있는데 그건 사실이 아닙니다. '행주'라는 말은 1527년 최세진이 쓴 《훈몽자회》란 책에 이미 나와 있거든요. 누군가 행주산성과 행주치마의 발음이 같은 걸 이용해 재미 삼아 꾸며낸 말이 잘못 퍼진 것입니다.

병자호란과 삼전도 굴욕

"조선은 우리에게 군신의 예를 갖추어라!"

1636년, 청나라의 홍타이지는 이런 내용의 서신을 보내며 복종을 요구했습니다. 조선은 청나라 사신의 국서를 받지 않고 그대로 돌려보냈습니다. 그러자 그해 12월에 홍타이지는 12만 대군을 거느리고 조선을 침략했습니다.

"누구도 얼씬거리지 못하게 하리라!"

평안도 의주 부윤 임경업은 백마산성을 굳게 지키고 있었으나, 청나라 군대는 다른 길로 돌아 한양으로 진격했습니다. 청나라 기병은 빠른 속도로 달려 불과 10여 일 만에 한양 근처에까지 이르렀습니다.

"청나라 군대가 가까이 왔다고?"

깜짝 놀란 조선 정부는 회의를 열어 일단 한양을 떠나 강화도로 피난 가기로 했습니다. 하지만 그럴 수가 없었습니다. 청나라 군대가 곳곳의 길을 막고 있었기 때문입니다. 할 수 없이 남한산성으로 발을 돌렸습니다. 조선 정부는 명나라에 사람을 보내 구원병을 요청하면서 시간을 벌었습니다.

"뭐라, 강화도가 함락됐다고?"

남한산성에서 부족한 식량과 추위를 견디며 버티던 조선 정부는 강화 산성이 무너졌다는 소식을 듣고 절망에 빠졌습니다. 하여 계속 싸워야 한다는 의견보다 이제 항복해야 한다는 의견이 많아져서 결국 인조는 이듬해 1월 성문을 열고 항복했습니다. 몽골과 40년, 일본과 7년 동안 싸우며 강인함을 보여 주었던 나라치고는 너무 빠른 두 달 만의 항복이었습니다. 비록 7년 전쟁(임진왜란)의 후유증 때문이라고는 하나 참으로 안타까운 일이었지요.

1월 30일, 인조는 세자와 신하들을 거느린 채 삼전도(한강 상류 나루터)로 나가서 홍타이지에게 세 번 절하는 항복 의식을 치렀습니다. 이를 '삼전도의 굴욕'이라고 합니다.

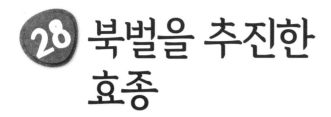

28 북벌을 추진한 효종

반드시 이 치욕을 갚아 주리라!

　병자호란에서 패해 삼전도에서 항복한 뒤, 조선은 혹독한 시련을 겪어야 했습니다. 수많은 사람이 포로로 끌려갔는데, 그중에는 두 왕자(소현 세자와 봉림 대군)도 끼여 있었습니다. 같은 볼모(약속 이행의 담보로 상대편에 잡혀 두는 사람) 신세이지만 인조의 둘째 아들인 봉림 대군은 형 소현 세자를 적극적으로 보호했습니다. 청나라가 명나라의 산해관을 공격할 때의 일입니다.

　"이번 공격에 세자가 함께 가 줘야겠소."

　"그건 아니 될 말이오. 내가 가겠소."

　봉림 대군은 자신이 대신 가겠다고 고집하여 끝내 청나라의 요구를 물리쳤습니다. 그 밖에도 두 왕자는 많은 고생을 했습니다. 소현 세자는 1645년 먼저 조선으로 돌아갔지만 그해 4월 갑자기 죽었습니다. 이에 따라 봉림 대군이 귀국하여 세자로 책봉됐고 1649년 인조가 죽자 조선 제17대 왕(효종)으로 즉위하였습니다.

　"내 반드시 치욕을 갚아 주리라!"

효종은 오랫동안 청나라에 머물면서 자기 뜻과는 관계없이 서쪽으로는 몽골, 남쪽으로는 명나라로 가서 멸망하는 모습을 지켜보았고, 동쪽으로는 철령위 등으로 끌려다니면서 갖은 고생을 하였습니다. 그 때문에 청나라에 원한을 품어, 즉위와 동시에 북벌(북쪽 정벌) 계획을 강력히 추진했습니다.

"군사들을 훈련하고 무기를 강화하라!"

그러나 상황은 효종 뜻대로 되지 않았습니다. 효종이 갑작스러운 질병으로 재위 10년 만에 세상을 떠났기 때문입니다. 그렇지만 효종의 북벌 계획은 비록 거사 단계에서 머물고 말았으나, 조선 시대에 단 한 번의 북진 정책이었다는 점에서 그 의의가 큽니다.

29 상평통보의 힘

'상평통보(常平通寶)를 주조하여 돈 400문(文)을 은(銀) 1냥(兩)의 값으로 정하여 시중(市中)에 유통하게 하였다.'

《조선왕조실록》숙종 4년(1678) 1월 23일 자 기록에 따르면 조선 정부는 이날부터 본격적으로 돈을 발행하기 시작했습니다. 이전에 몇 차례 화폐 발행을 시도했으나 여러 사정으로 인해 번번이 유통에는 실패했는데 이번에는 달랐습니다. 당시에 쌀이나 옷감이 화폐 역할을 했는데 그로 인한 불편함과 피해가 무척 컸거든요.

"쌀을 쌓아 두면 관리하기 어려울 뿐만 아니라 썩어 상하게 되고, 옷감을 쌓아 두면 습기나 좀을 먹어 못 쓰게 됩니다."

나라에서 걷는 세금도 쌀과 옷감이었기에, 보관은 물론 운송에도 어려움이 많았습니다. 하여 조선 정부는 가벼워서 사용하기 편하고, 썩지 않아 보관하기에도 좋은 화폐 유통을 적극 추진하게 된 것입니다.

구리로 만든 동전 앞면에는 '상평통보'라는 문자를 새겼고, 뒷면에는 만든 관청 이름을 새겨서 누가 어디서 발행했는지를 나타냈습니다. '상평

통보'는 항상 평등하게 통하는 보물이란 뜻이고, 줄여서 '평'이라고도 말했습니다. 다만 낱개로 말할 때는 個(낱 개) 자를 붙여 '개평'이라고 했으며, 이 개평은 노름이나 내기에서 남에게 잃은 돈 중 조금 얻어 가지는 돈을 가리킬 때 주로 썼습니다.

지름 2.5센티미터 크기의 상평통보 때문에 조선에는 큰 변화가 생겼습니다. 물건을 사기 위해 쌀이나 옷감을 들고 다니지 않아도 되자, 사람들은 본격적으로 물건을 사고팔기 시작했습니다. 자연스레 상업이 번성하게 됐고, 곳곳에 식당과 여관을 겸한 주막이 활성화되었습니다. 국가 입장에서는 세금을 걷어 관리하기에도 편했습니다. 하지만 상평통보 만드는 방법이 비교적 단순한 까닭에 화폐 위조 사건이 자주 일어나서 말썽을 일으켰습니다. 그런데도 사용의 편리성 때문에 화폐 사용은 지금까지 이어지고 있습니다.

㉚ 뒤주에 갇혀 죽은 사도 세자

어디 숨었지?

"세자가 장차 왕위에 오르면 우리 노론을 몰락시킬 거야."

1762년, 노론(老論) 세력은 실질적으로 나라를 통치하던 사도 세자(思悼世子, 1735~1762)를 몹시 두려워하고 미워했습니다. 사도 세자는 1749년부터 영조로부터 권한을 위임받아 나라를 다스리고 있었으며, 붕당 정치의 한 당파인 노론이 오랫동안 권력을 누려 온 것에 대해 비판적인 태도를 보였습니다.

'어느 한 세력이 나라 권력을 통째로 가지는 것은 옳지 않아.'

사실 사도 세자 이전의 영조는 탕평책을 쓰면서도 사실상 노론 편을 들었었습니다. 그들의 도움을 받아 왕이 된 까닭입니다. 하지만 사도 세자는 그런 부담이 없기에 여러 세력에게 권력을 골고루 나눠 주려 했습니다. 그러하기에 권력을 독차지해 온 노론은 세자를 싫어한 것입니다.

"세자는 전하와 생각이 다른가 봅니다."

노론 세력은 영조에게 세자에 대해 나쁘게 이야기하곤 했습니다. 그러

자 영조는 수시로 세자를 불러 꾸짖었습니다. 급기야 세자는 심각한 우울증을 겪으면서 종종 마음이 불안한 상태를 보이며 괴로워했습니다. 노론세력은 그 틈을 놓치지 않고 계속 공격했습니다. 나경언을 시켜서 상소를 올리게 한 것입니다.

"세자의 잘못이 열 가지나 되옵니다. 더구나 반역하려 하고 있습니다."

영조는 크게 화를 내며 세자를 세자 자리에서 쫓아내고 서인(일반인)으로 삼았습니다. 그리고 스스로 죽으라고 명했습니다. 세자가 그에 따르지 않자, 영조는 세자를 뒤주(곡식을 담아 두는 나무 궤짝) 속에 가둬 죽을 때까지 내버려 두게 했습니다. 세자는 여드레 동안 갈증과 배고픔에 시달리다 목숨을 잃었습니다. 이를 '임오옥(壬午獄)'이라 합니다.

세자가 죽은 뒤 영조는 뒤늦게 후회했습니다. 하여 세자의 직위를 복구시키고 '사도(思悼)'라는 시호를 내렸습니다. '思(생각 사), 悼(슬퍼할 도)'라는 문자 그대로 생각하면 슬프기 그지없음을 한탄한 것입니다.

31 임오군란

조선 시대 신식 군대!

"아니, 이게 뭡니까?"

1882년(임오년) 7월, 선혜청 관리로부터 곡식을 받던 구식 군대 군인들은 항의했습니다. 13개월이나 밀린 끝에 급료로 받았건만 쌀보다 모래가 더 많았기 때문입니다. 게다가 양도 정상의 절반밖에 되지 않았습니다. 군인들은 웅성거렸습니다. 1881년 신식 군대 별기군이 설치된 이후 집권 세력인 민씨 일파로부터 차별받아 온 것도 서러운데 모래 섞은 쌀을 먹으라니 화가 났기 때문입니다.

"이걸 먹으라고? 우리보고 죽으라는 것이냐!"

성난 군인 중 일부가 참다못해 선혜청 고지기(관아 창고를 보살피고 지키는 사람)를 때렸습니다. 사건은 이처럼 우발적으로 일어났습니다. 그런데 소식을 들은 선혜청 당상관 민겸호가 고지기를 나무라기는커녕 오히려 폭행에 나선 구식 군인들을 잡아 가뒀습니다. 그러자 구식 군인들이 일제히 봉기했습니다.

"굶어 죽으나, 맞아 죽으나 마찬가지니 부패한 관리들을 죽여 버립시

다!"

"그전에 대원군을 찾아가서 우리의 억울한 심정을 호소합시다!"

흥분한 군인들이 흥선 대원군이 사는 운현궁으로 몰려가서 그간의 사정을 말했습니다. 대원군이 집권하던 시절에는 군인에 대한 급료가 정상적으로 지급됐던 까닭입니다. 대원군은 겉으로는 그들을 달래면서 구식 군대 군인 지도자 유춘만·김장손 등에게 은밀히 지시했습니다. 민씨 세력을 없애고자 기회를 보아 온 대원군은 때마침 찾아온 군인들을 역이용하려 했습니다.

구식 군대 군인들은 일본 공사관으로 쳐들어가 일본인 여럿을 죽였고, 일부는 궁궐로 들어가서 명성 황후를 해치려 했습니다. 명성 황후는 재빨리 탈출한 다음 청나라에 도움을 요청했습니다. 그 결과 청나라 장군 오장경이 군사 4000여 명을 거느리고 와서 흥선 대원군을 유인, 납치하여 청나라로 끌고 갔습니다. 이로써 구식 군대 군인들이 일으킨 임오군란은 싱겁게 끝났습니다.

32 태극기 최초 사용

자랑스러운 태극기

"조선 정부는 일본 공사관 피해에 대해서 즉각 배상해 주시오."

임오군란이 끝난 뒤, 일본은 이처럼 강력히 요구해 왔습니다. 조선 정부는 손해 배상과 기타 요구를 일일이 받아들이는 제물포 조약(1882년)을 체결하고 그해 9월 박영효를 제3차 수신사(修信使)로 임명하여 일본에 파견했습니다. 종사관 서광범을 비롯한 수행원 열네 명이 따라나섰는데, 일행은 착잡한 기분을 감출 수 없었습니다. 일본으로 가는 목적이 임오군란의 사후 수습을 일본 정부와 협의하기 위함이었기 때문입니다.

당시 조선은 군사 강국으로 떠오른 일본에 약자였습니다. 이런 처지는 외교 사절 명칭에서도 확인할 수 있으니, '수신사'는 믿음(信)을 닦는(修) 사절(使)이란 뜻입니다. 신뢰를 주기 위해 외교 사절을 파견한다는 것은 이미 약자임을 인정한다고 볼 수 있습니다. 조선에서 고종 이전까지 일본에 보낸 외교 사절단 명칭은 '통신사(通信使)'였는데 이는 문물을 전해 준다는 의미였습니다. 다시 말해 고종 초기까지만 해도 조선은 일본보다 앞선 문명국가라고 자부했습니다. 그러나 일본이 군사력을 키우면서 1876년(고종 13)부터 외교 사절단 명칭이 바뀐 것입니다.

"조선이 자주독립국임을 분명히 알려야 합니다."

그렇지만 수신사 일행은 조선이 누구에게도 밀리지 않는 당당한 국가임을 나타내고자 했습니다. 그 상징으로 태극기를 생각해 냈습니다. 하여 박영효 일행은 일본으로 가는 메이지마루[明治丸]호 배 안에서 국가 독립성을 상징하는 태극기를 만들었습니다. 그 모양은 조선에서 사전에 의논했던 내용을 참조하여 태극과 사괘로 하였습니다.

수신사 일행은 일본에 도착한 뒤 9월 25일 숙소인 니시무라야 옥상에 태극기를 내걸었습니다. 이는 태극기를 공식적으로 사용한 최초의 기록입니다. 태극기는 1883년 3월 6일 국기로 지정됐으며, 태극과 사괘의 형태는 조금씩 변화를 겪으면서 현재에 이르렀습니다.

33 '삼일천하' 갑신정변

1884년 10월 17일 저녁 6시, 한성 전동에 있는 신축 건물에서 우정국(郵政局, 우편 사무를 맡아보던 관청) 개국 축하연이 벌어졌습니다. 미국에 다녀온 보빙사절단의 건의로 근대적인 우편 제도를 도입한 것을 축하하는 잔치였지요.

"이 제도는 파발마보다 편하고 빠릅니다."

박영효·서광범·김옥균 등 개화당 주요 인사와 함께, 수구당의 민영익·한규직·이조연, 기타 각국 외교 사절 들은 이런저런 이야기를 나누며 시간을 보냈습니다. 그런데 연회가 끝나 갈 무렵 우정국 북쪽 창문 밖에서 갑자기 큰 소리가 들렸습니다.

"불이야! 불이야!"

외침과 동시에 불빛이 밤하늘로 치솟는 것이 보였습니다. 연회장은 순식간에 아수라장이 되었고 사람들은 뿔뿔이 흩어졌습니다. 그런데 우연한 일처럼 보인 화재는 개화파가 꾸민 정변(정치적인 큰 변동)의 시작을 알리는 신호였습니다. 개화파가 계획을 세워 시대 변화를 거부하는 수구당 세력을 제거하고자 일을 벌인 것입니다.

"어서 갑시다!"

거사를 주도한 김옥균과 일행은 즉시 창덕궁으로 달려가서 국왕에게 난리가 일어났다고 보고했습니다. 사전에 계획한 대로 궁궐 한쪽에서 누군가 폭약을 터뜨렸기에 마치 위급한 분위기처럼 되었습니다. 김옥균 일행은 왕을 호위하면서 수구당 주요 관리들을 궁궐로 불렀습니다. 개화파 지시를 받은 장사 패들이 궐 밖에서 기다리고 있다가 수구당 거물들을 대부분 죽였습니다.

그러나 거사는 3일 만에 막을 내렸습니다. 왕비의 요청을 받은 청나라 군대가 대포를 쏘면서 궁궐에 들어오자, 일본군이 사전 약속과 달리 돌아

갔기 때문입니다. 자체적인 군사력이 없던 개화파는 '삼일천하'라는 말만 남긴 채 도망치거나 죽임을 당했습니다. 이렇게 '갑신정변'은 실패했지만, 봉건적 지배 체제를 근대적 정치 체제로 개혁하려는 첫 시도였다는 점에 그 역사적 의의가 있습니다.

34 동학 농민 운동

"정말 해도 너무하네."

1893년 겨울, 전라도 고부군에 사는 백성들은 사또의 횡포에 몹시 괴로워했습니다. 고부 군수 조병갑이 갖가지 이유를 대며 끊임없이 세금이나 벌금을 걷었기 때문입니다.

"너희는 화목하게 지내지 않으니 벌금을 내라."

"내 아버님 비석을 세워야 하니 돈을 내라."

조병갑은 심지어 농민들에게 저수지를 짓게 한 다음 물값을 받았습니다. 예부터 저수지가 있어서 더는 필요하지 않은데도 그렇게 한 것입니다. 이에 억울함을 느낀 농민들이 군수에게 두 차례에 걸쳐 부당함을 호소하였습니다. 한문 교사 전봉준이 그런 내용을 적어 올렸습니다.

"이놈들이 무슨 소리를 하는 것이냐!"

조병갑은 되레 큰소리를 치며 농민들의 호소를 무시했습니다. 참다못한 농민들이 동학교도들과 함께 한성으로 올라가서 탐관오리를 처

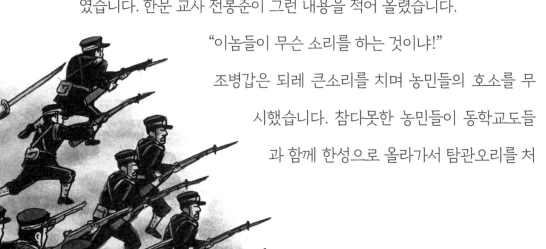

벌해 달라며 임금에게 상소를
올렸습니다. 그러나 사태는
더 나빠졌습니다. 조병갑은
전봉준과 그의 가족을 잡아들
였습니다. 그러고는 전봉준 아버
지에게 심한 매질을 해서 죽게 했습
니다.

　분노한 전봉준과 동학교도들은 1894년 1월 손에 쇠스랑이나 죽창을
들고 관아로 쳐들어갔습니다. 조병갑은 도망갔고, 동학교도들은 창고에
쌓여 있던 곡식을 가난한 사람들에게 나눠 주었습니다. 이른바 '동학 농
민 운동'이 일어난 것입니다.

　이를 계기로 동학 농민 운동은 다른 지역으로 퍼졌습니다. 동학교도들
이 이끌자 많은 농민이 자발적으로 참여하였습니다. 동학교도는 전주성
을 점령하며 기세를 올렸습니다. 놀란 정부가 군대를 내려보냈지만 농민
군을 꺾지 못했습니다.

　조선 정부는 급기야 일본에 군대를 요청했고, 신식 무기를 갖춘 일본군
은 동학군을 진압했습니다. 이로써 동학 농민 운동은 실패로 끝났습니
다. 이와 더불어 조선 군사력의 허약함이 분명하게 드러나면서 일본과 서
양 강대국에 약자 신세가 됐습니다.

35 명성 황후 시해 사건

1895년 8월 20일 새벽, 칼을 찬 괴한들이 광화문 왼쪽 성벽을 넘어 경복궁을 침입했습니다. 이들이 궁궐 대문을 활짝 열자, 일본 군인과 낭인(사무라이)들이 경복궁으로 들어왔습니다. 이들의 눈에는 살기가 번뜩였습니다. 무언가를 노리고 있음이 분명했습니다.

이들은 몇 무리로 나뉘어 흩어졌습니다. 앞장선 무리가 두 번째 작은 문을 통과할 무렵, 요란한 총성이 울렸습니다. 훈련대 연대장 홍계훈이 군부대신 안경수와 함께 시위대 병력 1개 중대를 이끌고 뒤늦게 달려와 대궐을 침입한 무리에게 경고한 것입니다. 홍계훈이 외쳤습니다.

"군부대신이 여기 있다. 연대장도 여기 있다. 너희는 함부로 궁중을 범하지 말라."

그 명령은 아무 소용이 없었습니다. 쌍방 간에 총격전이 벌어졌고 전투는 10분 만에 끝났습니다. 홍계훈은 그 자리에서 전사했고 안경수는 달아났으며, 지휘자를 잃은 시위대 병력은 사방으로 흩어지고 말았습니다.

이윽고 궁궐을 장악한 일본 병사들에게, 일본군 지휘자가 호령했습

니다.

"여우를 베어 버려라!"

이날의 명령인 '여우 사냥'이 떨어지자 낭인들은 궁궐 곳곳을 짓밟기 시작했습니다. 여우는 '조선 왕비'를 가리키는 암호였습니다. 낭인들은 왕을 붙들고 왕후가 있는 곳을 대라고 협박했습니다. 왕비는 옥호루(玉壺樓)에서 궁녀들 틈으로 숨었습니다. 낭인들은 그곳으로 가서 우아한 옷을 입은 궁녀 여럿을 마구 죽였습니다. 상궁 옷을 입고 있던 왕비도 결국 칼을 맞고 죽었습니다. 낭인들은 초상화를 꺼내어 왕비를 확인하고는 시체를 수풀 속에서 태워 버렸습니다. 일본은 조선 왕비가 사사건건 일본을 견제하자, 낭인들을 동원해 이처럼 잔인한 일을 벌였습니다.

이른바 '명성 황후 시해 사건'이 벌어진 것입니다. 을미년에 빚어진 참극이라 해서 '을미사변(乙未事變)' 또는 '을미참변(乙未慘變)'이라 말하기도 합니다.

36 아관 파천

단발령 이후 나라가 몹시 어수선해졌습니다. 각지에서 의병들이 들고 일어나 무능한 정부와 일본의 교활한 침략을 규탄했습니다. 다급해진 정부는 왕궁을 호위하던 병사들을 지방으로 내려보냈습니다.

"지금이 기회로다!"

러시아 공사 베베르는 러시아에 우호적인 이범진과 결탁하여 새로운 음모를 꾸몄습니다. 그는 고종이 예뻐하는 엄 상궁(뒷날의 엄비)을 통해 다음과 같이 국왕에게 말하도록 시켰습니다.

"대원군과 친일파들이 국왕 폐위 음모를 추진 중이라고 합니다. 왕실 안전을 위해 옥체(임금의 몸)를 잠시 러시아 공사관으로 옮기시는 게 좋겠습니다."

베베르는 친일파에게 역모 음모를 뒤집어씌우며 고종을 러시아 공사관으로 모시려 한 것입니다. 미국 공사와 영국 공사, 프랑스 공사는 일본의 일방적인 세력 확장에 불만을 품고 있었기에 이 계획에 대해 암묵적으로 동의했습니다.

고종은 처음엔 망설였으나 거듭된 간청에 마음을 바꾸었습니다. 일본군 감시를 피하는 방법은 엄 상궁이 생각해 냈습니다.

"교자(轎子)를 이용하시면……."

여기서 '교자'는 주로 여성이 외출할 때 사용하는 가마를 가리키는 말입니다. 그 무렵 수문군(守門軍)이 궁녀의 교자에 대해서는 조사하지 않고 통과시킴을 역이용하자는 계산이었습니다.

1896년 2월 11일 새벽, 왕과 왕세자는 교자 두 틀에 몸을 숨긴 채 대궐을 빠져나와 러시아 공사관에 도착했습니다. 이른바 아관 파천(俄館播遷)입니다. '아관'은 러시아 공사관, '파천'은 임금이 도성을 떠나 다른 곳으로 피란하는 일을 뜻하는 말입니다.

고종은 일본군 손아귀에서 탈출했다고 생각했지만 사실은 러시아군 품으로 들어간 것이었으니 조선 정부는 나라 안팎에 또다시 약한 모습을 보여 준 셈입니다.

37 대한 제국

자주독립을 주장합시다!

"하루속히 환궁하셔야 합니다. 통촉하여 주시옵소서!"

"환궁하시어 이 나라를 다스리셔야 합니다!"

고종이 러시아 공사관으로 파천하자 서재필을 비롯한 여러 대신이 환궁(대궐로 돌아옴)을 진언했습니다. 고종은 일본 세력이 두렵다면서 좀처럼 듣지 않았습니다. 그러자 충청도 유생들이 상소를 올려 환궁을 촉구했고, 이후 전국 선비들이 동시에 상경하여 한목소리를 내려는 움직임이 일어났습니다.

"특정한 날에 한성으로 가서 환궁을 진언합시다."

견디다 못한 고종은 1897년 2월 20일 경운궁(지금의 덕수궁)으로 돌아갔습니다. 궁궐을 떠난 지 1년 만의 일이었습니다. 본래는 경복궁으로 가야 하지만, 여러 가지 이유로 그곳을 꺼린 고종은 러시아 공사관이나 미국 공사관이 가까이에 있는 경운궁으로 옮겨 갔습니다.

"자주독립국임을 분명히 나타냅시다."

고종이 환궁하자 모처럼 개화파와 수구파들이 힘을 모았습니다. 바로

'칭제 건원(稱帝建元)' 즉 국왕을 황제라 부르고 독자적인 연호(年號)를 사용하자는 움직임이었습니다. 여기에는 러시아에 대한 실망감도 작용했습니다. 조선은 일본을 견제하고자 러시아에 군사 교관 200명을 지원 요청했지만 러시아는 13명만 보내왔거든요.

"믿을 나라가 하나도 없군."

이에 국왕은 8월 16일 연호를 광무(光武)라 하고 10월 12일 문무백관을 거느린 채 황제 즉위식을 거행했습니다. 이와 동시에 조선의 국호를 '대한 제국(大韓帝國)'으로 고쳐 선포했습니다.

아울러 고종은 옥새(玉璽) 여덟 개를 새로 만들어 사용했습니다. 조선 시대 옥새의 뉴(紐, 손잡이)는 거북이었으나, 고종은 중국에 대한 사대(약자가 강자를 섬김) 관계에서 벗어났음을 밝히고자 중국처럼 용(龍)으로 바꾸었습니다. 이로써 조선은 종속국에서 자주독립국, 고종은 왕에서 황제로 되었습니다.

③⑧ 을사늑약

1905년 11월 17일 오후, 경운궁에서 어전 회의(임금 앞에서 중신들이 모여 중요한 나랏일을 의논하는 회의)가 열렸습니다. 일본 병사들이 궁궐을 완전히 둘러싼 상태에서 열린 강제적인 모임이었습니다.

"일본이 조선을 대신해 다른 나라와 외교 관계를 맺는다는 구절은 아무래도……."

"일본이 조선을 안전하게 지켜 준다고 하잖소."

정부의 여덟 대신은 일본이 제시한 협약안 문서를 두고, 찬성파와 반대파로 나뉘어 한동안 결론을 내지 못했습니다. 외교권을 빼앗긴다는 것은 사실상 종속국이 됨을 의미하기 때문이었습니다. 처음에는 반대 의견이 많았으나 일본의 개입으로 이윽고 상황이 바뀌었습니다.

결국 이완용을 비롯하여 이근택, 이지용, 박제순, 권중현 다섯 대신 이른바 '을사오적(乙巳五賊)'은 고종에게 책임을 떠넘기면서 찬성을 표시했습니다. 한규설과 민영기만 끝까지 반대했지만 대세를 뒤집지 못했습니다. 외부대신 박제순과 일본 공사 하야시는 조약을 체결했고 18일에

발표했습니다.

우리나라 외교권을 빼앗는 5개 조문을 담은 이른바 '제2차 한일 협약' 또는 '을사늑약'은 여러 면에서 엉터리였습니다. 조약문 첫머리에 명칭이 없는데, 이는 국제 조약에 필요한 최소 형식 조건조차 갖추지 못한 것이었거든요. 또한 고종이 반대하여 서명하지 않았음에도 일본은 동의한 것처럼 서류를 조작했습니다. 한마디로 국제법상으로 효력이 없는 문서였습니다.

"오늘 목을 놓아 통곡하노라!"

불공정한 을사늑약이 발표되자 대한 제국 백성들이 크게 반발했습니다. 매국노를 처단하고 이 땅에서 일본 세력을 몰아내야 한다는 여론이 일어났습니다. 그러나 당시 대한 제국의 군사력은 너무나 약했습니다. 하여 을사늑약을 계기로 일본의 총칼 아래 대한 제국은 점차 무너지고 말았습니다.

39 헤이그 특사

가서 멍멍이의 횡포를 알리시오!

1907년, 일제의 야욕을 막을 생각으로 날마다 고심하고 있던 고종에게 그해 6월 15일부터 한 달 동안 네덜란드 수도 헤이그에서 제2회 만국 평화 회의가 열린다는 소식이 들려왔습니다. 러일 전쟁(1904~1905)을 지켜본 세계 각국이 더 이상의 전쟁 위기를 막고자 평화 회의를 열기로 합의한 것입니다.

"참석하셔서 같이 세계 평화에 관해 이야기를 나눴으면 합니다."

고종에게도 제2회 만국 평화 회의 초청장이 왔습니다. 러시아 황제 니콜라이 2세가 자기 대관식(1896년)에 특사를 파견해 줬던 고종을 기억하여 열두 번째 초청국으로 초대한 것입니다. 점점 국운이 기울어 가는 현실에 절망감을 느끼던 고종은 세계 각국으로부터 외교적 도움을 받을 좋은 기회라고 생각하여 특사를 파견하기로 했습니다. 고종이 직접 그곳에 갈 수 있는 상황은 아니었습니다. 하여 일본 몰래 특사를 보내려 한 것입니다. 고종은 믿을 만한 사람들에게 조심스레 의견을 물었습니다.

"배짱 있고 똑똑한 이를 말해 주오."

고종은 여러 사람의 추천을 통해 이상설(李相卨)·이준(李儁)·이위종(李瑋鍾)·김좌진(金佐鎭)·남필우(南弼佑) 다섯 사람을 뽑았습니다. 고종은 이들에게 친임장과 러시아 황제에게 보내는 친서를 주며 격려했습니다.

"신명을 바쳐 뜻을 받들겠사옵니다!"

특사 다섯 명 중 세 명(이상설·이준·이위종)이 일제의 감시를 피해 헤이그까지 도착하는 데 성공했습니다. 그렇지만 네덜란드 주재 일본 공사의 방해로 인해 평화 회의에는 참석하지 못했습니다. 이위종은 포기하지 않고 만국 기자 협회에서 유창한 프랑스어로 일제 침략을 규탄했고, 그의 감동적인 연설문 '한국을 위한 호소'는 여러 나라 신문에 실렸습니다. 그러나 외교적 도움을 끌어내지는 못했습니다. 이준은 울분 끝에 병을 얻어 숨졌고, 이상설과 이위종은 러시아에서 항일 운동을 하다가 병들어 죽었습니다.

⓵⓪ 안중근 의거

멍멍이를 처단합시다!

"탕, 탕!"

1909년 10월 26일, 하얼빈역 앞에서 이토 히로부미가 갑자기 날아온 총탄에 맞고 그 자리에 쓰러졌습니다. 이토 히로부미는 일본인 측면에서 보면 여러 차례 총리를 지내면서 근대화에 앞장선 정치 거물입니다. 하지만 한국인 측면에서 보면 이토는 무척 교활한 침략자입니다. 그가 총리로 있을 때인 1895년 명성 황후 시해 사건이 일어났고, 1905년 대한 제국의 외교권을 뺏는 을사늑약을 주도했으며, 1906년에는 초대 통감으로 부임해 대한 제국 정부에 많은 빚을 떠안기면서 한국 자원을 빼앗아 갔으니까요. 또한 1907년 7월에는 헤이그 특사 사건을 빌미로 고종을 강제로 퇴위시켰으며, 개인적으로는 고려 왕릉을 도굴하면서까지 고려 시대 도자기 1천여 점을 수시로 약탈해서 일본으로 가져갔습니다.

"이토를 처단합시다!"

1909년 초, 안중근(安重根, 1879~1910)은

뜻이 맞는 동지 11인과 함께 동의단지회(同義斷指會)를 결성했습니다. 안중근은 이때 넷째 손가락 한 마디를 끊었으며 이때부터 인장 찍을 일이 있으면 수인(手印, 손바닥 도장)을 사용했습니다.

안중근은 1909년 10월 26일 아침, 이토를 향해 권총을 쏘았습니다. 이토가 쓰러지자, 안중근은 러시아어로 "꼬레아 우라!(한국 만세!)"를 외친 다음 순순히 붙잡혔습니다.

일본은 안중근을 처형하기 위해 속전속결로 형식적인 재판을 치렀습니다. 그런데도 안중근은 뤼순 법정에서 당당하게 이토의 죄들을 열거한 뒤 대한의군 참모 중장 자격으로 처단했음을 밝혔습니다. 영국 신문 기자 찰스 모리머는 재판 풍경을 다음과 같이 기록했습니다.

'안중근은 영웅의 월계관을 거머쥔 채 자랑스레 법정을 떠났다. 그의 입을 통해 이토 히로부미는 한낱 파렴치한 독재자로 전락했다.'

안중근은 이듬해 3월 26일 사형당했습니다. 일제는 안중근 묘지가 한국 독립운동 성지가 될까 두려워 어딘가에 시신을 몰래 매장하고 위치를 알려 주지 않았습니다. 이 때문에 지금까지 안중근 의사 유해를 찾지 못하고 있습니다.

41 국권 피탈

"신문 기자들을 모아 연회를 베풀라."

1910년 8월 22일 아침, 일본 통감부 데라우치 마사타케 통감이 부하에게 이렇게 지시했습니다. 부하는 시키는 대로 했고, 신문 기자들은 웬일이냐 싶어 하면서도 연회에 참석하여 맛난 음식을 즐겼습니다.

데라우치의 부하가 이처럼 신문 기자들을 대접할 때, 데라우치는 사람들 시선을 피해 대한 제국 총리대신 이완용을 만나 '합방 조약'을 조인했습니다. 데라우치는 이완용에게 며칠 전에 막대한 재물과 벼슬을 주겠노라고 약속해 놓은 상태였기에, 이완용은 망설이지 않고 서명했습니다. 이로써 일제는 대한 제국을 손아귀에 넣었습니다.

하지만 이처럼 엄청난 사건이 그날 기사화되지 않았습니다. 왜냐하면 기자들이 연회에 참석해 음식을 즐기느라 아무도 조인식을 취재하지 못했기 때문입니다. 데라우치는 한국인의 반발을 염려하여 기자들의 발을 묶어 놓으려 술수를 부렸고, 그 모략이 적중한 것입니다.

"절대로 이 사실을 누구에게도 말하지 마라!"

데라우치는 조인 뒤에도 한국에서 그 사실을 극비에 부쳤습니다. 일본인 신문 기자에게는 29일까지 비밀로 하라는 조건으로 26일 내용을 설명해 주었습니다. 1910년 8월 29일, 일제는 조약에 반대하는 대한 제국 원로대신들을 가둔 채 조약 사실을 발표했습니다. 치욕스러운 경술국치(庚戌國恥, 경술년에 일어난 나라의 수치)가 벌어진 것입니다.

대한 제국이 국권과 국토를 송두리째 빼앗긴 일을 가리켜, 일제는 '한일 합방'이라고 말했습니다. '합방(合邦)'은 둘 이상의 나라가 하나로 합쳐진다는 뜻으로, 상대국이 동의한 것처럼 해석될 수 있습니다. 그러므로 한국인이라면 '한일 병탄'이나 '국권 피탈' 또는 '경술국치'로 표현해야 합니다.

한편 순종 황제는 문서에 서명하지 않았고, 국새도 내주지 않았습니다. 이에 일제는 일반 행정 결재용인 어새를 찍은 다음 통감부 직원에게 황제 서명을 대신 쓰게 했습니다. 따라서 이 조약은 국제법상으로 무효입니다.

42 대한민국 임시 정부

머멍이에게
저항하기에 앞서
망명 정부를
세워야 합니다!

"독립운동을 지속하려면 한국을 대표할 임시 정부를 수립해야 합니다."

"그보다는 조선 총독부에 맞설 망명 정부를 조직해야 합니다."

"조직을 먼저 제대로 갖추고 난 뒤 정부를 세워야 합니다."

1919년 3·1 운동 이후 이런 의견들이 나왔습니다. 일제에 나라를 빼앗긴 상태에서 독립 투쟁의 중심적 역할 조직을 시급히 만들어야 함을 느꼈기 때문입니다.

"지도부가 없어서 만세 운동을 독립 쟁취로 이끌지 못했습니다."

그리하여 그해 4월 11일, 한국 독립운동 지도자들이 중국 상하이에서 대한민국 임시 정부(大韓民國臨時政府) 수립을 선포하고 임시 헌법을 발포했습니다. 중국이 1911년 신해혁명을 통해 아시아 최초로 공화국(共和國, 국민이 주인인 나라)을 선포한 데 이어 두 번째로 우리나라가 공화국을 선포한 것입니다. 우리나라의 경우 정부가 일시적으로 끊겼기에 '임시 정부'라고 덧붙였습니다. '임시 정부'는 기존 정부가 무너진 뒤 무정부 상태를 해소하기 위해 세워진 정부를 뜻하고, '망명 정부'는 혁명이나 외국 침략을 당한 정부가 제3국으로 가서 유지하는 정권을 의미합니다.

이로써 오랜 기간의 군주제를 정리하고 자유 민주주의 체제로 개편된 대한민국 임시 정부가 출범됐으니, 대한민국의 역사는 여기서부터 출발합니다. 다시 말해 1919년은 대한민국의 건국 원년(元年, 나라를 세운 해)입니다.

광복 뒤 1948년을 대한민국 건국 원년이라고 주장하는 사람도 있으나, 우리나라 헌법에서는 분명히 '대한민국 임시 정부의 법통을 계승한다.'고 밝히고 있습니다. 따라서 1948년을 건국 원년으로 주장하는 사람은 대한민국 역사를 의도적으로 축소하는 반민족적 의식을 지닌 사람이라고 볼 수 있습니다.

한편 대한민국 임시 정부는 줄여서 '임정(臨政)'이라고도 부릅니다. 처음엔 내각 책임제로 출발했으나 이내 대통령제로 바뀌었으며, 원칙적으로 행정·입법·사법의 삼권 분립 민주 공화 정부 형태로 1945년까지 유지됐습니다.

43 청산리 전투

둘로 나누어 매복 작전을 펼치자!

1920년 10월, 만주에 있는 독립군을 토벌하고자 일본군이 대대적으로 진군해 왔습니다. 독립군은 처음에는 싸움을 피한 채 기회를 엿보기로 했습니다. 일본군보다 병력이나 무기가 훨씬 약했기 때문입니다.

"일본 놈들이 마구 불 지르면서 동포들을 죽이고 있습니다."

일본군이 한국인 마을을 침입해 동포들을 학살하자, 독립군은 전략을 변경했습니다. 죄 없는 동포들이 모두 죽임당하는 걸 마냥 지켜볼 수 없었기 때문입니다. 일본군이 청산리 골짜기 근처까지 쳐들어오자, 북로 군정서 사령관 김좌진이 말했습니다.

"부대를 둘로 나눈 다음 매복 작전을 펼칩시다!"

김좌진 장군은 비교적 훈련이 덜 된 사병들로 이뤄진 제1제대를 이끌고 산기슭에 자리 잡았습니다. 제2제대는 이범석 지휘 아래 위쪽 골짜기 길목에 숨어서 적을 기다렸습니다. 병사들은 주변에 있는 자연 지형을 활용하여 몸을 잘 감추었습니다. 그러고는 일부 병사들을 시켜 주변 마을 사람들에게 이렇게 말하게 했습니다.

"독립군은 무기가 없어서 허둥지둥 도망쳤습니다."

1920년 10월 21일, 일본군 선발대가 그 허위 정보를 믿고 골짜기 안으로 들어섰습니다. 그러자 독립군 제2제대가 기습적으로 공격하여 일본군 200명 전원을 죽였습니다. 뒤이어 도착한 일본군 본대는 대포와 기관총을 마구 쏘아 대며 독립군을 공격해 왔습니다. 그러나 독립군은 높은 곳의 바위 뒤에 숨은 채 정확한 조준 사격으로 일본군을 한 명 한 명 죽였습니다. 결국 일본군이 1천여 명이나 죽자 일본군은 퇴각하고 말았습니다.

청산리 전투는 지휘관들이 땅 모양을 잘 활용하고, 독립군 병사들이 죽기를 각오하고 싸운 데다, 조선인들이 헌신적으로 지원해 줬기에 승리할 수 있었습니다. 청산리 대첩으로 독립군을 완전히 없애려는 일본의 계획은 물거품이 됐고, 반면에 한국인과 중국인은 일본군과 맞서 싸워 이길 수 있다고 생각하게 됐습니다.

44 이봉창 의거

"제 나이 서른한 살입니다. 인생 목적이 쾌락이라면 그동안에 대강은 맛보았습니다. 이제부터는 영원한 쾌락을 위해서 독립운동에 몸을 바치고자 상하이로 왔습니다."

1931년 1월, 중국 상하이에 있는 대한민국 임시 정부를 찾아간 이봉창(李奉昌, 1900~1932)은 김구(金九, 1876~1949) 국무령에게 이렇게 말했습니다. 이봉창은 김구의 지시에 따라 일본인 행세를 하며 일본인이 운영하는 상점에서 열심히 일했습니다. 그러면서 그해 12월, 이봉창은 한인 애국단에 가입하여 조국의 독립과 자유를 회복하기 위해 노력할 것을 맹세했습니다.

며칠 뒤 이봉창은 일본 국왕을 암살하고자 일본 도쿄를 향해 출발했습니다. 이때 어떻게 일본으로 수류탄을 가지고 들어가느냐 하는 것이 큰 문제였습니다. 이봉창은 그것을 예상하고 여러 일본인과 친밀하게 사귀었고 효과적으로 이용했습니다. 상하이에 있는 일본 경찰서장으로부터 '착실한 청년'이라는 소개장을 받아 검문검색을 쉽게 통과했으니까요.

이봉창은 1932년 1월 8일, 도쿄 요요기 연병장에서 치르는 관병식(觀兵式)에 일본 국왕이 참석한다는 정보를 입수했습니다. 그리고 당일 아침, 이봉창은 도쿄 교외에서 일왕 히로히토가 탄 마차를 향하여 수류탄을 던졌습니다.

"쾅!"

폭탄은 터졌지만 위력이 약해서 히로히토를 명중시키지는 못했습니다. 일제는 아홉 차례에 걸친 집요한 신문과 재판을 통해 김구가 배후 인물임을 밝혀내려 했으나 이봉창은 끝내 김구를 모른다고 말했습니다. 또한 일제는 증인 심문을 통해 이봉창의 인품을 깎아내리려 했으나, 불려 나온 58명 대부분이 '정직한 사람', '매우 성실한 사람'이라고 증언했습니다.

이봉창은 그해 10월 10일 순국(사형)했습니다. 이봉창 의거는 비록 실패했지만 그 파장은 대단했습니다. 신격화된 일왕도 언제든 죽을 수 있는 존재라는 사실을 새삼 일깨워 줬고 아울러 침체해 있던 임시 정부에 큰 활력을 넣어 줬으니까요.

45 윤봉길 의거

"이번에는 제가 해 보겠습니다."

이봉창 의거는 애국 조선 청년들에게 강렬한 동기를 심어 주었고, 한인 애국단 단원 윤봉길(尹奉吉, 1908~1932)이 그 정신을 이어 갔습니다. 1932년 4월 28일, 스물네 살 청년 윤봉길은 거사 장소인 상하이 훙커우 공원을 미리 둘러본 다음 숙소로 돌아와 두 아들에게 시(詩)로 된 유서를 썼습니다.

'나의 빈 무덤 앞에 찾아와 한 잔 술을 부어 놓아라. 그리고 너희들은 아비 없음을 슬퍼하지 말라.'

거사 당일인 4월 29일, 윤봉길은 상하이 훙커우 공원에서 열린 천장절 (天長節, 일본 국왕 생일) 기념행사에서 물병 폭탄을 던졌습니다.

"콰과쾅!"

폭음과 함께 여러 일본인이 죽거나 크게 다쳤습니다. 상하이 파견군 총사령관 시라카와 요시노리, 상하이 일본 거류민단 단장 가와바타 등이 현장에서 죽었고, 총영사 무라이와 제3함대 사령관 노무라, 제9사단장 우

에다 등이 중상을 입었습니다. 중국 상하이에 주둔한 일본군 지휘부가 상당한 타격을 받은 것입니다.

당시 국민당 총통 장제스는 윤봉길 의거 소식을 전해 듣고 다음과 같이 감탄했습니다.

"중국의 100만 대군도 하지 못한 일을 조선의 한 청년이 했다니 정말 대단하다."

이 사건을 계기로 장제스는 대한민국 임시 정부를 전폭적으로 지원해 주기 시작했습니다.

한편 일본 육군성 인사국은 그해 9월 외무성에 제출한 문서에서 시라카와 요시노리 대장에 대해 공무 수행 중 사망한 게 아니라 전투 중에 죽은 것으로 처리해 달라고 요청했습니다. 이는 윤봉길의 폭탄 투척이 개인적 차원의 테러가 아니라 적국(敵國) 사이에 벌어진 전투 행위였음을 사실상 인정하는 내용이었습니다.

결과적으로 윤봉길의 거사는 기울어 가는 임시 정부를 여러 면에서 되살렸습니다. 독립군 자금 학보는 물론 세계에 임시 정부의 존재 가치를 분명히 알렸으니까요. 그러므로 윤봉길의 의거는 대첩(大捷)이라 해도 과언이 아닙니다.

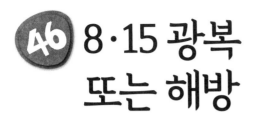

46 8·15 광복 또는 해방

"우리의 선량하고 충실한 신민들이여! (중략) 우리는 정부에 명하여 아메리카 합중국, 영국, 중국 및 소비에트 연방 정부에게 우리 제국이 이들 여러 나라 정부의 공동 성명 조건을 수락함을 통고시켰노라……"

1945년 8월 15일 정오, 일본 국왕은 라디오를 통해 이렇게 말했습니다. 연합군의 포츠담 선언을 받아들인다는 얘기였지요. '포츠담 선언'은 1945년 7월에 미국·영국·중국 3개국 대표가 포츠담에 모여 일본의 항복 조건과 일본 점령지 처리에 관하여 발표한 내용을 말합니다.

우리나라 입장에서는 일제의 억압에서 벗어나는 해방을 알리는 방송이었습니다. 일왕의 항복 선언이 방송되자 일순간 한국인들은 자기 귀를 의심했습니다. 그러나 그것도 잠시 누군가의 "만세!" 소리를 시작으로 사람들이 거리로 쏟아져 나왔습니다.

"대한 독립 만세! 만세!"

그런데 대부분의 한국인은 일제 강압 통치 아래 민족 문화를 말살당했기에 태극기와 애국가를 제대로 기억하지 못했습니다. 국민은 서로 다른

가사의 애국가를 부르며 거리를 행진했고, 신문사들은 옛일을 알 만한 노인들을 찾아가 태극기 형태를 묻는 쓸쓸한 일도 생겼습니다. 어떤 사람은 민족의 자유를 되찾은 기쁨에 눈물을 흘리기도 했습니다.

"뿜빠라빠빠! 악극을 보세요!"

기쁨은 자연스레 축제 분위기로 이어졌고 악극(樂劇, 노래가 있는 연극)이 그 역할을 맡았습니다. 크고 작은 가극단·악극단 들이 마구 생겨나 전국 시장에서 국민에게 광복 기쁨을 공연했으니 말입니다.

한편 '해방(解放)'과 '광복(光復)', 두 단어에는 미묘한 차이가 있습니다. '해방'은 구속·억압·부담 따위에서 벗어나게 함을 의미하고, '광복'은 빼앗긴 주권을 다시 찾음을 뜻합니다. 따라서 1945년 8월 15일 이후를 표현할 때는 상황에 따라 해방이나 광복을 골라 쓰는 게 바람직합니다.

47 남북 분단

넘어오지 마!

38선

광복 이후 한반도는 큰 위기에 처했습니다. 남쪽을 차지한 미국과 북쪽을 지배한 소련이 각기 남한과 북한에 독자적인 정부를 세우려 했기 때문입니다. 김구를 비롯한 민족주의자들은 통일 정부를 세워야 한다고 주장하며 어떻게든 남북 분단을 막으려 했습니다.

"지금 남한만의 정부를 세운다면 우리나라는 두 동강 나고 말 것이오."

그러나 이승만을 비롯한 친미주의자들은 통일 정부를 세우기 어려우니 일단 남한만의 정부를 세워야 한다고 맞섰습니다. 미국 군정은 빨리 남한 단독 정부를 세우고 싶어 했습니다.

"더는 미룰 수 없소. 선거해야 하오!"

미국 군정은 남한만의 총선거를 결정했고 1948년 5월 10일 선거가 시행되었습니다. 그 결과 국회 의원 입후보자 948명 중 198명이 당선됐습니다.

그해 5월 31일 제헌 국회(制憲國會, 헌법을 만든 국회) 개원식이 중앙청 중앙 홀에서 열렸습니다. 오전 열 시 개회식 시각에 맞춰 198명 의원이

모두 등원했습니다. 당시 73세로 가장 나이 많은 이승만이 임시 의장을 맡아 개회식을 치렀습니다.

대한민국 헌법 제정은 유진오(兪鎭午, 1906~1987)가 주도했습니다. 유진오는 민주주의 발상지인 영국의 주요 인권 헌장에 그 기본 정신을 두고 헌법 초안을 작성했습니다. 이에 따라 '권력자라도 법의 지배를 받아야 한다.'라는 이념이 우리 헌법에 적극 반영되었습니다.

권력 구조는 의원 내각제로 하려 했으나, 이승만의 반대로 인해 대통령책임제로 바뀌었습니다. 1948년 7월 17일, 이승만 초대 국회 의장은 흐뭇한 마음으로 헌법에 서명하였습니다. 이어 중순 대통령 선거가 치러졌고, 이승만이 대통령으로 뽑혔습니다.

그해 8월 15일 대한민국 정부가 들어서자, 곧이어 9월 9일 북한도 이른바 조선 민주주의 인민공화국을 세웠습니다. 이로써 우리 민족은 분단 시대를 맞게 되었습니다.

48 6·25 전쟁

"펑! 쾅!"

1950년 6월 25일 새벽 네 시경, 북한의 조선 인민군이 북위 38도선을 넘어오며 전쟁을 일으켰습니다. 인민군은 소련과 중국의 지원을 받으며 강력한 군사력으로 초기 전투에서 힘을 과시했습니다. 그날 오전 아홉 시경 개성을 점령하고 27일에는 서울까지 접근했으니까요.

"전쟁이다! 모든 군인은 즉시 복귀하라!"

대한민국 정부는 예기치 못한 침공에 당황하며 서울을 지키고자 방어에 나섰습니다. 그러나 북한군은 탱크 200여 대를 앞세우며 곳곳의 국군 방어선을 무너뜨렸습니다. 당시 국군에게는 탱크가 한 대도 없었기에 속수무책으로 당한 것이지요.

"국군이 서울을 지킬 것이니, 서울 시민은 정부를 믿고 그대로 머물기 바랍니다."

이승만 대통령은 6월 27일 오후 열 시 라디오를 통해 이렇게 말했습니다. 그런데 이승만

133

은 그날 새벽 두 시에 특별 열차를 타고 서울을 빠져나가 대전으로 가 있었습니다. 자신은 좀 더 안전한 곳으로 피한 채 국민을 상대로 거짓 녹음 방송을 한 것이었지요. 안재홍을 비롯한 국회 의원들조차 정부로부터 서울 철수 통보를 받지 못했고, 이튿날 인민군이 서울을 점령하여 정부 주요 인사나 유명인 등을 북한으로 끌고 갔습니다.

인민군은 계속 남쪽으로 내려가며 기세를 올렸습니다. 하지만 16개 회원국으로 구성된 유엔군이 참전하여 남한을 도와줌으로써 전세를 역전시켰습니다. 우리 국군은 필사적으로 인민군에 맞섰습니다. 이후 여러 차례에 걸쳐 공방전이 벌어지면서 대부분 유적과 건물이 파괴됐으며 남북한을 합쳐 250만 명이 죽었고 수많은 부상자와 전쟁고아가 생겼습니다.

시간이 흐를수록 양쪽 피해가 늘어나자, 양측은 1953년 7월 27일 정전(일시적으로 싸움을 멈춤) 협정을 체결했습니다. 이 때문에 1천여만 명에 이르는 이산가족이 생겼습니다. 남북은 언제쯤 다시 하나가 될 수 있을까요.

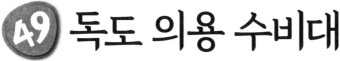 독도 의용 수비대

"난리가 언제 끝나려나?"

1953년, 한반도는 계속된 전쟁 탓에 나라 전체가 엉망이었습니다. 사람들은 가난에 찌든 생활을 하며 어서 빨리 전쟁이 끝나기를 기다렸습니다. 그러할 때 동해에서 엉큼한 움직임이 있었습니다. 한국 정부가 인민군과 힘겹게 싸우느라 정신없는 틈을 타서 일본이 독도를 침범한 것입니다. 일본은 여러 차례에 걸쳐 독도에 들어와서는 한국 표지판을 없애고 일본 표지판을 세웠습니다.

"일본 놈들이 독도를 자기 땅이라 주장한다고?"

울릉도에 사는 주민들이 분노하여 대책을 세우려 했지만 군사력이 없어서 발만 동동 굴렀습니다. 일본 순시선은 자기 집 안방 드나들듯 독도를 찾았습니다. 하지만 독도에 머물 곳이 마땅치 않으므로 일본인은 섬을 점검만 하고 돌아갔습니다.

"안 되겠소. 우리가 가서 지킵시다!"

보다 못한 울릉도민들이 홍순칠을 대장으로 하여 의용군인 독도 의용 수비대(獨島義勇守備隊)를 조직했습니다. 총 33명이었고 다친 군인이나 경찰관이 주축을 이뤘습니다. 독도는 나무 하나 없어서 머물기가 쉽지 않은 섬이었습니다. 그런데도 그해 4월 20일 독도 수비대가 독도에 상륙하여 섬을 지켰습니다. 6월 27일 일본 순시선 대원들에게 독도 수비대가 쫓겨났지만, 그들이 돌아간 뒤 정부로부터 지원받은 박격포와 기관총을 가지고 다시 독도로 들어갔습니다. 이후 여러 차례에 걸쳐 일본 순시선의 접근을 막았습니다. 일본은 독도를 뺏으려고 계속 공격해 왔으나 그때마다 독도 수비대는 목숨을 걸고 섬을 지켰습니다. 덕분에 독도는 우리 땅으로 남게 되었고, 독도 수비대는 1956년 경찰에 독도 수비 임무를 넘기고 해산했습니다.

50 4·19 혁명

　1960년 3월 15일 실시된 대통령 선거에서 자유당 정권은 온갖 부정한 방법으로 이승만과 이기붕을 각각 대통령과 부통령에 당선시켰습니다. 미리 투표하게 하는가 하면 3인이나 5인이 무리 지어 공개적으로 특정인을 찍도록 했으며, 공정한 투표를 감시하는 참관인을 내쫓기도 했습니다.

　"투표율이 너무 높아도 곤란하니 조절하시오."

　자유당 후보의 조작된 득표율이 99%에 육박하자 10~20% 낮춰서 투표 결과를 발표했습니다. 이에 분노한 국민이 선거 무효를 주장하며 재선거를 외쳤습니다. 마산에서 처음 시위가 일어났으며, 3월 18일 실종된 김주열 학생이 4월 11일 마산 앞바다에서 주검으로 떠올랐습니다.

　"정부가 죄 없는 시민을 죽였다!"

　"독재 정권, 살인 정권 물러나라!"

　김주열의 눈에는 최루탄이 박혀 있었습니다. 그 참혹한 모습을 본 시민들은 이승만 독재 정권의 잔악함에 항의하며 대대적으로 시위를 벌였습니다. 그 이전부터 독재 정치와 부정부패에 항의하는 학생 시위가 여러 차례 있었고, 정부는 강경 진압으로 대응해 왔는데 김주열 주검 발견을 계기로 시위가 전국으로 퍼졌습니다.

"이승만은 물러나라!"

서울에서는 4월 18일 고려 대학교 학생들이 총궐기 선언문을 발표한 뒤 시내 행진에 나섰습니다. 이튿날인 4월 19일에는 여러 대학교 학생들과 중고교 학생들이 대통령 관저로 몰려가서

대통령과의 면담을 요구했습니다. 이 과정에서 경찰이 총을 쏘아 많은 학생이 죽거나 다쳤습니다. 그러자 국민은 더 크게 반발했습니다.

결국 위기를 느낀 이승만은 4월 26일 라디오를 통해 대통령 자리에서 물러나겠다고 발표했으며, 5월 29일 몰래 하와이로 망명했습니다. 이로써 이승만과 자유당 정권의 독재는 막을 내렸습니다. 국민의 희생과 노력으로 민주주의 시민 혁명이 최초로 성공하게 된 것입니다.